Anja Funk-Klebe

Seelentanz statt Lebenskampf

Ein Selbsterkenntnis-Buch

ISBN: 978-3-00-044203-2 Verlag: Lebenslinie-schwingt

Für meine drei Kinder

… in der Hoffnung, dass sie beim Finden ihres Lebensfadens auf ihr Bauchgefühl hören werden …

… in der Hoffnung, dass sie in ihrem Leben einen Beruf ergreifen werden, der ihnen Freude bereitet, der sie wirtschaftlich unabhängig macht und in dem sie ihre Fähigkeiten zum Ausdruck bringen können …

Für Werner

Für Juliane

Für Sybille, Karin, Sabine, Christiane, Anette, M.T. und H.K.

Für meine Eltern, denen ich für die vielen Lebensanregungen danke

Lebensnah

Seele darf sich trauen,
darf den Weg in unbekannte Tiefen wagen.
Ohne Klagen,doch mit Hoffen,
Leben spüren, frei und offen.

Mutig soll sie ihren Weg beschreiten,
sich im Innern tief berühren lassen.
Leid und Schmerz und Wut durchschreiten,
schweren Schrittes, doch nie unverzagt.

Ganz alleine geht sie niemals,
auch wenn die Einsamkeit dies denkt.
Menschen gibt's, die gern sie tragen
und gern an ihrer Seite sind.

Wir alle werden still begleitet,
jede Seele auf ihre ganz besondere Art.
Begibt sie sich auf neue Suche,
dann erhält sie treuen Rat.

Wie schön, wenn nach getaner Arbeit
der Horizont im Nebel sichtbar wird.
Wenn warme Winde sie nun tragen
und heiter bei der Sache sind.

Leichtigkeit kommt mit ins Spiel,
und die Kraft sich selbst zu lieben.
Seele kann nun Neues bauen
und zuversichtlich in die Ferne schauen.

Anja Funk-Klebe

Inhaltsverzeichnis

Vorwort

„Seelentanz statt Lebenskampf“ – dieses Buch beschäftigt sich mit den Ursachen für die zunehmende Zahl an seelischen Schwierigkeiten und Erkrankungen von Menschen. Warum nimmt die Zahl der psychischen Beschwerden stetig zu; und mit ihr die Ohnmacht der Menschen und Wissenschaftler? Der Titel meines Buches wirkt vielleicht dramatisch oder sogar auf gewisse Weise bedrohlich. Das ist beabsichtigt! Denn: Immer dringender stellt sich die Frage, welche Auswirkungen die rasant ansteigende Zahl von Krankschreibungen aufgrund seelischer Erkrankungen auf die weitere gesellschaftliche Entwicklung hat.

Schon heute gehen der Gesellschaft zunehmend Mitarbeiter/innen verloren, die nicht einfach durch andere ersetzt werden können. Jeder Mensch, der aufgrund eines „Burn-outs“ oder einer anderen psychischen Problematik über einen längeren Zeitraum seine Fähigkeiten nicht zur Entfaltung bringen kann oder in Folge dessen gar nicht mehr an seinen alten Arbeitsplatz zurückkehrt, ist mit einem hohen menschlichen Verlust verbunden. Menschen sind nicht einfach ersetzbar!

Jeder Mensch verfügt über individuelle Talente und Möglichkeiten, die er in seinem Leben und auch an seinem Arbeitsplatz zum Ausdruck bringen sollte.
Aus meiner Sicht gibt es dafür bisher keine umfassenden Lösungsansätze.
Es mag Teilansätze geben, doch - wie so häufig bei gesellschaftlich auftretenden Schwierigkeiten - „kocht jeder seine eigene Suppe“. Genau aus diesem Grunde bleiben die Anregungen und Lösungen unbefriedigend. Das ist jedenfalls mein ganz persönlicher Eindruck.

Ich wage nun den Versuch, einen flexibel handhabbaren und umfassenden Lösungsansatz zum Erhalt der psychischen Gesundheit zu entwickeln. Ich möchte dabei herausarbeiten, welche Voraussetzungen wir alle brauchen, um möglichst gestärkt und seelisch gesund durchs Leben zu gehen. Zudem möchte ich Möglichkeiten aufzeigen, das eigene Leben bewusster „in die Hand zu nehmen“. Dazu ist es notwendig, erst einmal zu verstehen, wie seelisches Erleben zustande kommt. Ferner sollte bekannt sein, wie sich „Leben“ vollzieht, in „welchen Bahnen“ es verläuft.

Es gibt gewisse Grundbedingungen (Rhythmen), die übergreifend in jedem Leben auftreten, größere und kleinere rhythmische Verläufe. Es gibt zudem Lebensphasen, die ebenfalls bei jedem Menschen in ähnlicher Weise wiederzufinden sind. Dazu werde ich Anregungen geben. Außerdem ist die Betrachtung individuell bedingter familiärer Strukturen wichtig und natürlich die unseres persönlichen Lebenslaufes – unserer eigenen, biografisch bedingten Erlebnisse.

Sich mit sich selbst und dem eigenen Leben bzw. mit dem Leben anderer Menschen zu beschäftigen, übt auf mich einen besonderen Reiz aus. Da kein Leben wie das andere verläuft, gibt es immer wieder ***etwas Neues zu entdecken***. Eine ganz entscheidende Rolle spielt dabei unser eigenes, seelisches Empfinden. Genau um dieses seelische Erleben wird es hauptsächlich in diesem Buch gehen - „es ist der Schlüssel zum Verständnis des Menschen".

Nicht ohne Grund wird die Seele auch als die „Mitte des Menschen" bezeichnet. Ich möchte Sie anregen, sich mit der Seele, mit Ihren seelischen Empfindungen zu beschäftigen und sich auf die ***„Spurensuche" in Ihrem Leben*** zu begeben. Je mehr Sie sich dabei auf Ihre Empfindungen einlassen, und je neugieriger Sie auf die darin enthaltenen „Lebenszeichen" achten, desto sensibler wird künftig Ihr „Blick" auf die eigenen Bedürfnisse sein – und im weiteren auf die Ihrer Mitmenschen.

Mein Ziel ist es zudem, Ihnen Möglichkeiten zu zeigen, selbstregulierend und gestaltend in Ihr eigenes Leben einzugreifen. Wir werden in bestimmte familiäre und gesellschaftliche Strukturen hineingeboren. Wie Sie in diesem Buch noch erfahren werden, finden die ersten Prägungen für unser Leben bereits in der Schwangerschaft statt. Da sind wir den uns umgebenden Lebensbedingungen mehr oder weniger ausgeliefert und können nur wenig an den gegebenen Voraussetzungen ändern.
Indem wir uns aber mit unseren Gefühlen und mit unserem Leben beschäftigen, haben wir die Chance, uns selbst „an die Pinne unseres Bootes zu setzen" und die Steuerung unseres Lebens mit zu übernehmen.

Mit diesem Buch möchte ich Sie anregen, Ihre Sicht zu erweitern. Ich möchte Sie anregen, anders als bisher, auf Ihr Leben zu schauen und dabei über „den eigenen

Tellerrand" zu blicken. Die „Welt dahinter" wird vermutlich in gewisser Weise erst einmal „fremdartig" sein, sie wird aber in den Farben reichhaltiger und vielfältiger erscheinen.

Speziell auf Führungskräfte ausgerichtet, beschäftigt sich ein besonderes Kapitel mit der Frage, wie Führungskräfte die eigene Empathie und die betriebliche Atmosphäre nachhaltig verbessern können. Der von mir entwickelte umfassende Lösungsansatz zum Erhalt der eigenen seelischen Gesundheit lässt sich nicht nur im Lebensalltag, sondern auch in der Arbeitswelt gut nutzen. Die im Hauptteil des Buches von mir beschriebenen Lösungsmöglichkeiten können daneben zur Verringerung des Krankenstandes der Mitarbeiter beitragen. Eine wertschätzende, auf die Belange der Kollegen eingehende Führungspersönlichkeit stärkt sowohl die eigene Gesundheit, als auch die Gesundheit anderer Beteiligter in der Arbeitswelt.

Ergänzend zu meinem Ansatz gibt es ein sehr lesenswertes Interview mit Ljubomir Vranjes, dem erfolgreichen Handballtrainer der SG-Flensburg-Handewitt.

Ich wünsche Ihnen nun viel Freude beim Lesen dieses Buches und bei der Beschäftigung mit seinen „Leuchttürmen".

Anja Funk-Klebe

Zur Lesereise:

Aus der eigenen Erfahrung weiß ich, dass ich Inhalte besser „begreifen“ oder verstehen kann, wenn ich sie mir selbst erarbeitet habe. Aus diesem Grunde möchte ich Sie ermutigen, dieses Buch nicht nur zu lesen, sondern sich die Inhalte durch spezielle Übungen und Anregungen selbst zu erschließen.

Sie werden die besten „inneren Erfolgserlebnisse“ haben, wenn Sie sich mit der eigenen Biografie und den damit einhergehenden Empfindungen beschäftigen. Noch besser bleiben Ihre Erfahrungen haften, wenn Sie sie in eine schöne „Kladde“ oder in ein Heft niederschreiben und sich zu diesem Zwecke auch einen besonders schönen Stift zulegen.

Alle Übungen und Anregungen erkennen Sie durch den „Leuchtturm“. Leuchttürme sind Wegmarkierungen, die den Schiffen ihren Weg durch die Dunkelheit zeigen.

Es gibt viele Möglichkeiten, sich Inhalte besser zu merken: So unterstützen etwa Bilder, Lieder, Melodien oder Rhythmen das Erinnern. Deshalb werden Sie in diesem Buch immer wieder auf kleine Bilder treffen, die ein Kapitel einleiten. Zusammenfassungen kennzeichne ich mit dem Fernglas-Symbol:

Wie Sie immer wieder den Leuchttürmen und Ferngläsern begegnen werden, so begleitet Sie auf ihrer Lesereise auch ein Schiff – vom Anfang des Buches bis hin zu seinem Ende. Es symbolisiert den „roten Faden“ und führt uns vor Augen, dass das Leben nicht gleichförmig verläuft, sondern in Wellenbewegungen und Rhythmen. Zum Lebensweg gehören neben Höhen und Tiefen auch Lebensabschnitte, die ausgewogen verlaufen. Wie das Schiff werden wir Menschen auf den Wellen getragen. Es gibt keinen wirklichen Stillstand. Jede Welle ist verschieden – es entstehen stets neue Formen und Wellenbewegungen.

Wandlung und Entwicklung sind daher zu jeder Zeit möglich!

März 2012 / Februar 2013

Einleitung:

Als Psychotherapeutin beschäftige ich mich täglich mit Menschen und ihren seelischen Fragestellungen. Folge ich meinen eigenen inneren Wahrnehmungen und meinen Erfahrungen, so sind die Lebenszusammenhänge über die Jahre komplexer und dadurch unüberschaubarer geworden.
In unserer medialen Welt strömen täglich viele Informationen auf uns ein. Die Arbeitsplatzsituation hat sich für viele Menschen verändert. In einer sich rasant entwickelnden Gesellschaft steigt der Leistungsdruck, Jobwechsel werden häufiger. Auch die Armut in diesem Land hat deutlich zugenommen. Die Schere zwischen armen und reichen Menschen klafft stetig weiter auseinander. Und neben diesen wirtschaftlichen und gesellschaftlichen Veränderungen verändern sich auch die Familienverbände. Es gibt mehr alleinerziehende Elternteile, Singles und andere Lebensformen, wie etwa die der „Patchworkfamilien", in denen Menschen heute miteinander leben. Meine Ausführungen an dieser Stelle dienen ausdrücklich nur der Beschreibung, nicht der Bewertung.
Schon diese wenigen Beispiele zeigen, wie sehr sich unser Leben in den vergangenen Jahren gewandelt hat. Neben den familiären wie gesellschaftlichen Veränderungen haben sich die psychischen Schwierigkeiten vieler Menschen verstärkt. Ob zwischen diesen beidem Sachverhalten tatsächlich ein Zusammenhang besteht, möchte ich am Ende des Buches beantworten.

… Die Menschen fühlen sich zunehmend unter Druck gesetzt, sie fühlen sich gestresst …

Mediale Einflüsse über die Werbung, ein Überangebote an Waren, die Dauererreichbarkeit über die Handys – all das stresst uns. Dazu kommen gesellschaftliche Vorgaben wie Meinungen oder Schönheitsideale. Sichtbares Zeichen unserer Überforderung sind junge Mädchen, die mit Diäten ihr Gewicht reduzieren wollen, um einem falschen Schönheitsideal zu entsprechen.

Im familiären Bereich werden immer mehr Ehen geschieden, deshalb wachsen viele

Kinder mit einem alleinerziehenden Elternteil heran. Teilweise gründen sich aus alleinerziehenden Elternteilen mit Kindern wieder neue Partnerschaften. Vielleicht bekommen dann die neuen Partner weitere gemeinsame Kinder, so dass sich sogenannte „Patchworkfamilien" bilden. Sowohl alleinerziehende Elternteile, als auch „Patchworkfamilien" geraten schneller unter Druck, weil die Familiensituation insgesamt instabiler erlebt wird, als in einer Familie „im klassischen Sinn" mit Vater, Mutter und Kind oder mehreren Kindern.

Auch kann ein behindertes, krankes oder altes Familienmitglied (eventuell ein zu pflegender Angehöriger) innerhalb einer Familie zum Stressauslöser werden. Singles, die keinen Partner finden, aber gerne in einer Partnerschaft leben würden, sind oftmals überfordert. Schließlich führen persönliche und biografisch bedingte Krisen zu Stresserlebnissen innerhalb des eigenen Lebens.
Stress ausösende Faktoren finden wir somit in unseren Alltagssituationen, im Arbeitsalltag, in besonderen familiären Konstellationen sowie in den persönlichen Krisen des Einzelnen.

Das Erkennen und Unterscheiden der verschiedenen Stress-Bereiche ist notwendig, um sich erst einmal darüber klar zu werden, dass Stress nicht ein Phänomen allein aus dem Arbeitsbereich ist, sondern auch in anderen Lebenszusammenhängen auftritt. Dabei findet das eigene Stresserleben meist nicht nur auf einer, sondern auf zwei oder gar auf mehreren Ebenen statt, so dass es zu einer Zuspitzung der seelischen Belastungssituation kommen kann und der Mensch sich oftmals als Folge dieser Gesamtbelastung ausgebrannt (Burn-out) und emotional geschwächt (kraftlos) erlebt.

Dabei spielen nicht nur die sogenannten „äußeren Faktoren" eine bedeutsame Rolle, sondern auch das individuelle Erleben eines Menschen. Jeder empfindet Lebens- und Alltagssituationen unterschiedlich und reagiert ganz individuell auf angespannte Lebenslagen. Erlebnisse, die auf den einen Menschen eher harmlos wirken, belasten einen anderen Menschen mitunter sehr viel stärker. Doch warum reagieren die Menschen so unterschiedlich auf eine bestimmte Situation?

Um diese Frage annähernd beantworten zu können, werde ich mich zuerst der

Frage zuwenden wie wir Menschen uns das menschlich, emotionale Erleben überhaupt vorstellen können. Was bedeutet „seelisches Erleben“, wie ist die Wirkweise der Seele in uns? In einem weiteren Schritt werde ich beleuchten, warum Menschen durchaus vergleichbare Lebenssituationen so unterschiedlich erleben und dadurch bedingt das Stresserleben ebenfalls sehr individuell ausfällt.

Die Seele, Mitte des Menschen

Bei der nun folgenden Darstellung der Wirkweise der Seele handelt es sich um eine Modellvorstellung. Es bleibt ein erdachtes Konstrukt, dennoch spüren wir unsere Seele über unsere Empfindungen.
Unser seelisches Erleben können wir am besten über „unser sogenanntes Bauchgefühl“ wahrnehmen. Seelische Empfindungen bringen jedoch auch Unsicherheiten mit sich, Gefühle sind oft „schwammiger“ und „nebulöser“, als die Dinge und Gegenstände des Alltags, die uns, im Vergleich dazu, sehr viel „greifbarer“ erscheinen.
Folge ich meinen eigenen Erfahrungen bezüglich des seelischen Gespürs, habe ich trotzdem den Eindruck, dass sich meine innerseelischen Erfahrungen im Laufe des Lebens zunehmend verfestigen, und ich sicherer im Umgang mit seelischen Wahrnehmungen werde.

Die Modellvorstellung der menschlichen Seele, die ich nun mit meinen eigenen Worten wiedergeben werde, (wenn es Leserinnen und Leser geben sollte, die mit meinen Ausführungen nicht einverstanden sein sollten, verweise ich auf die Orginalschriften R. Steiners) sind angelehnt an das anthroposophische Menschenbild Rudolf Steiners (1861-1925), dem Begründer der Anthroposophie. Er hat ein ganzheitliches Menschenbild entwickelt, bestehend aus dem Leib, der Seele, dem Geist und dem ICH. Es sieht den Menschen als kleines „Abbild“ (Mikrokosmos) innerhalb eines größeren Gesamtzusammenhanges (Makrokosmos), wobei Mikrokosmos und Makrokosmos sich in einem gegenseitigen Austausch befinden.
(Da ich ein anthroposophisches Grundstudium absolviert habe und auch auf eigene bestätigende Erfahrung im Umgang mit der anthroposophischen Menschenkunde zurückgreifen kann, werde ich mich im Laufe dieses Buches noch mehrere Male der anthroposophischen Sichtweise zuwenden und diese in meine Ausführungen mit einbinden).
Rudolf Steiner ist aber nicht der Einzige, der ein ganzheitlich orientiertes Menschenbild entworfen hat, es taucht ähnlich oder in abgewandelter Form mehrfach auf.
Die tiefenpsychologischen Vorstellungen C.G. Jungs gehen ebenfalls von einer

ganzheitlichen Sichtweise des Menschen aus. Hierbei gibt es durchaus Übereinstimmungen zu den Ausführungen Rudolf Steiners und seiner Sicht des Menschen, bzw. der Beschaffenheit der menschlichen Seele.

In diesem Zusammenhang möchte ich nicht unerwähnt lassen, dass das Jahr 869 n. Chr. „für die Liebhaberinnen und Liebhaber von ganzheitlichen Menschenbildern" kein einfaches Jahr gewesen ist, weil in diesem Jahr, durch ein Kirchenkonzil von Konstantinopel, die Existenz eines eigenständigen Geistes per Dekret abgeschafft worden ist. Daher wird bis heute in den kirchlichen Schriften und Liedern oftmals nur noch von der Seele und dem Leib gesprochen.

Das anthroposophische Menschenbild ist in erster Linie erst einmal ein dreigliedriges Modell, zu dem sich unser individuelles ICH hinzugesellt. Auf die besondere „Funktion und Rolle" des ICHs innerhalb dieser Modellvorstellung werde ich im späteren Verlauf noch genauer eingehen.
„Im anthroposophischen Menschenbild hat die Seele ihre Stellung zwischen Leib und Geist, und sie hat zu beiden eine Beziehung. Die Beziehung zum Leib wird hauptsächlich über die Instinkte, Triebe, Bedürfnisse, Bewegungen, sowie das Wollen und Handeln erlebt. Natürlich gibt es noch weitere Bereiche, wie z.B. Angst und Schmerz, die sich leiblich-seelisch ausdrücken. Auch eine Fähigkeit wie die der Kraft, kommt aus der Verbindung von Leib und Seele … Die Beziehung zwischen Seele und Geist äußert sich in Fähigkeiten wie dem Denken und Verstehen, dem Urteilen, in Entschlüssen und Motiven und Einsichten, die durch die geistige Beziehung zur Seele kommen. Die Seele lebt aber nicht nur in der Beziehung zum Leib und zum Geist, sondern sie ist eine eigenständige Organisation. Sie hat auch eine Beziehung zu sich selbst …
„Das ICH ist der Gestalter dieser Seelenkräfte, der Dirigent unserer Seelenqualität, unserer Seelentöne und Seelenstimmungen". M. Treichler (2003)

Modellvorstellung Seele

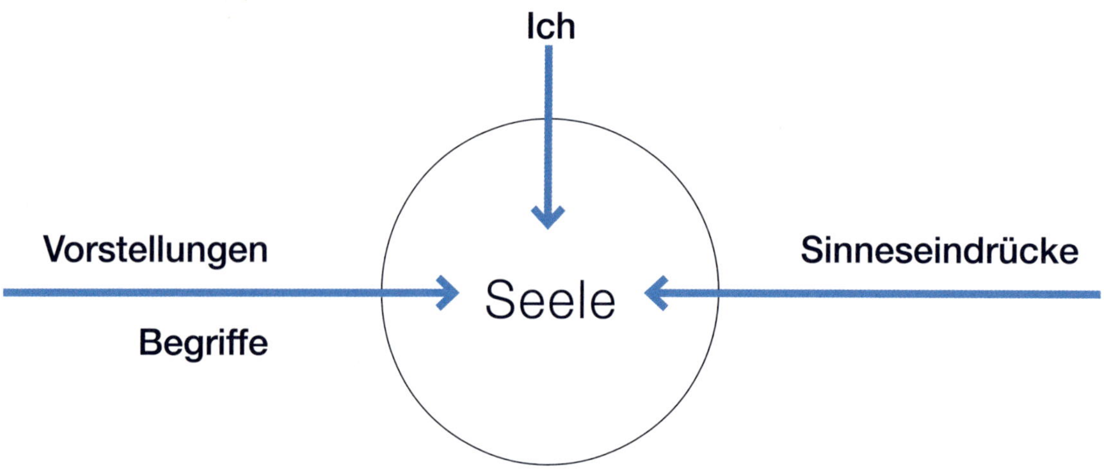

Die Verbindung von Leib und Seele

Die Seele ist etwas ganz Lebendiges, und wir erleben sie innerlich eher als ein Gefühl, als eine Empfindung für Etwas. Die Seele befindet sich in unserer Darstellung somit in der Mitte zwischen dem Leib auf der einen Seite, und den Vorstellungen auf der anderen Seite.

Unser Leib hat eine ganz wichtige Aufgabe für uns Menschen: Über unseren Leib und die verschiedenen Sinnesorgane, (in der populärwissenschaftlichen Literatur sprechen wir gemeinhin von fünf Sinnen, dem Gesichtssinn, dem Gehörsinn, dem Geschmackssinn, dem Geruchssinn und dem Tastsinn), gewinnen wir Eindrücke über die Welt und die Menschen um uns herum.

In den anthroposophischen Vorstellungen über den Menschen werden die Sinne weit ausführlicher betrachtet und so werden insgesamt zwölf Sinnesorganfunktionen beschrieben:

1. Gehörsinn	5. Wortsinn	9. Tastsinn
2. Gesichtssinn	6. Gedankensinn	10. Lebenssinn
3. Geschmackssinn	7. Ich-Sinn	11. Gleichgewichtssinn
4. Wärmesinn	8. Geruchsinn	12. Bewegungssinn

Über die uns schon aus der Allgemeinliteratur bekannten fünf Sinne (Sehen, Hören, Riechen, Schmecken und Tasten) nehmen wir die entsprechenden Sinneseindrücke aus der uns umgebenden Umwelt auf und verbinden diese Sinneswahrnehmungen in der Seelenmitte mit den bereits vorhandenen Erinnerungen aus unserem Vorstellungsleben.

Neu erworbene Sinneseindrücke aus der Umwelt treffen dabei auf alte, zu Begriffen gewordene Erinnerungen der Vergangenheit in unserer Seele, und werden dort neu zugeordnet und auf diesem Wege verarbeitet. Der Wärme-, Lebens- und ICH-Sinn sind mehr innerlicher Natur und geben uns eine Ahnung und einen Eindruck über unser innere Befindlichkeit. Über den Gleichgewichts-, Bewegungs- und Tastsinn nehme ich mich selbst als ganzen Menschen in meinem Leib und in der Verbindung zur Umwelt wahr. Mit Hilfe des Wortsinns erfahre ich, in Verbindung mit dem Gehör, dem Seh- bzw. dem Gesichtssinn, etwas über die Befindlichkeit meiner Mitmenschen. „Durch die leibliche Organisation der Sinnesorgane erlebt der Mensch als Individualität die Welt, auch die des eigenen Leibes, indem er in sie eintaucht, eins mit ihnen wird, für einen Augenblick diese Welt oder der Leib ist, um dann in das eigene Selbst zurückzukehren und das Erlebte am Leibe zu spiegeln und sich dadurch bewusst zu machen." V. Fintelmann, (2007) Intuitive Medizin-Anthroposophische Medizin in der Praxis, S. 53

Wir treten über unsere Sinne mit unserer Umwelt und unseren Mitmenschen in Kontakt und kommen dabei auch mit uns selbst und unseren Bedürfnissen in Berührung. Wir nehmen die Eindrücke, die Wahrnehmungen auf, leiten sie in unser Inneres, in unsere Seelenmitte weiter.

Auf der anderen Seite unseres „erdachten Seelenmodells" treffen sich Seelenmitte und unsere Vorstellungen.

Verbindung von Seele und unseren Vorstellungen:

Die gewonnenen Sinneserlebnisse aus dem Erleben der äußeren Welt und unserer Mitmenschen, diese Informationen treffen in unserer „Mitte", in unserem Seelenzentrum auf unsere Vorstellungen.

Wir gleichen unsere Wahrnehmungen mit den schon gemachten Erinnerungen und Vorstellungsinhalten aus der Vergangenheit ab und ordnen die neu gewonnenen Sinneseindrücke den alten Erfahrungswerten zu, wobei wir zwischen Erinnerungen vor und nach dem dritten Lebensjahr unterscheiden müssen.

Erfahrungen die vor dem dritten Lebensjahr gemacht werden, wie Beziehungserfahrungen, die familiären Muster, die uns und unser Leben prägen, werden in einer anderen Hirnregion gespeichert und sind ausschließlich als Gefühlserfahrung hinterlegt. Erst wenn wir heranreifen und mit etwa 2,5 - 3,0 Jahren das erste Mal zu uns selber „ICH" sagen, können wir uns an Vergangenes erinnern. Die frühsten bewussten, erinnerbaren Vorstellungen an unserer Kindheit beginnen erst mit etwa drei Jahren.

Die ganz frühen Erfahrungen, unsere Bindungserfahrungen und Gefühlseindrücke der Schwangerschaft und der ersten beiden Lebensjahre werden als „Gefühlsbild" in der Hirnregion des „Amygdala" hinterlegt. An diese Gefühlserfahrungen zu gelangen und sie zu erweitern, gelingt uns nur über neue, bestärkende und unterstützende Gefühlserfahrung. Daher ist eine wertschätzende, unterstützende Lebenshaltung für Sie selbst und Ihre Mitmenschen so wichtig.

Seele als Mittler:

Die Seele dient uns als „Bindeglied" zwischen den äußeren und inneren Erfahrungen, die in unserer Seelenmitte auf unsere schon gemachten Gefühls- und Vorstellungserfahrungen treffen. Alle Eindrücke von außen, aber auch die Wahrnehmungen bezüglich unserer inneren Befindlichkeit, wollen verarbeitet und eingeordnet werden. Solange wir nur etwas wahrnehmen und uns nicht klar darüber werden, was wir

gerade erleben und erfahren, bleiben die Sinneswahrnehmungen unbewusst und teils unverarbeitet zurück.
Natürlich können wir nicht jeden einzelnen Sinneseindruck bewusst erleben und nachvollziehen, da wir während unseres Tagbewusstseins viele Sinneseindrücke gleichzeitig aufnehmen. Ebenso sind uns viele der gemachten Erfahrungen auch vertraut, weil wir sie als wiederkehrende Erlebnisse unseres Lebens einstufen.

Dennoch liegt gerade hier an dieser Stelle, in unserer Seelenmitte, in der Verarbeitung der gemachten Sinneserfahrungen und in der Anbindung dieser Eindrücke an vorhandenen Vorstellungsbilder und Begriffe aus meiner Sicht bereits eine erste Ursache für die Zunahme der psychischen Schwierigkeiten der Menschen begründet.

Gründe für die Zunahme der seelischen Belastungen (erster Aspekt)

Nachdem Sie vielleicht annähernd eine gewisse Vorstellung von der Wirkweise unserer seelischen Kräfte erhalten haben, möchte ich nun einen ersten Schritt wagen und mich in den nun folgenden Ausführungen der Frage zuwenden, warum die Zahl der seelischen Belastungen bzw. Erkrankungen in den letzten Jahren so stark angestiegen ist.

Auswahl der Produkte, es gibt eine größere Produktvielfalt

Egal, ob ich die Nudeln im Supermarkt, einen neuen Toaster oder Rasenmäher kaufen möchte, jedes Produkt gibt es in unterschiedlichsten Ausführungen.
Es gibt preisgünstigere und kostspieligere Produkte, wobei ein höherer Preis nicht immer gleichzusetzen ist mit mehr Qualität. Als Kunde muss ich aber wählen.
Da es so viele verschiedene Kriterien für die Wahl eines Produktes gibt, muss ich mir selbst den Rahmen für meine Produktwahl stecken. Ich muss erst einmal Kriterien für meinen Einkauf aufstellen, damit ich nicht in eine Überforderungssituation hineingerate, und es eventuell zu einem Fehlkauf kommen wird.
Bei alltäglichen Waren, wie der Milch oder dem Joghurt, kann ich auf Erfahrungs-

werte zurückgreifen. Ich habe vielleicht schon vorher einmal das Produkt getestet und für gut befunden und werde es aus diesem Grund erneut kaufen.
Diese Warenvielfalt gab es in früheren Zeiten nicht in dieser Weise und Ausprägung, der Einkaufsrahmen war deutlich begrenzter. Verkaufsangebote gab es nur zu bestimmten Zeiten, wie z.B. im Sommer- und Winterschlussverkauf. Heute gibt es ständig und zu jeder Zeit Werbeprospekte, die noch auf dem alten Wege, entweder per Post oder über die Zeitungen veröffentlicht werden oder per Internet und E-Mail zu uns gelangen. Auch über den Fernseher werden wir ständig mit Werbung konfrontiert. Doch was geschieht bei dieser Überfrachtung mit uns und unserem seelischen Erleben?

Mit Werbung werden wir überschüttet

Durch die flächendeckende Dauerberieselung mit Werbeinformationen kommt es zu einer Reiz- und Sinnesüberflutung. Es ist uns gar nicht mehr möglich, alle Werbungen und Informationen aufzunehmen und schon gar nicht gelingt es uns, diese seelisch einzuordnen und mit alten Erkenntnissen abzugleichen und zu modifizieren. Zudem sind wir dieser Informationsflut quasi ausgeliefert und können uns kaum schützen, da insbesondere unsere Augen und Ohren im Alltag überwiegend geöffnet sind und uns diese beiden Sinnesfunktionen dazu dienen, uns in der Welt zu orientieren.

Über unser Handy sind wir zu jeder Tages- und Nachtzeit erreichbar

Verändert hat sich ebenfalls unserer Erreichbarkeit durch die Nutzung des Handys. Arbeitsministerin Ursula von der Leyen hat dieses zunehmende Problem für Abeitnehmer/innen erkannt und entwickelt im Augenblick Kriterien, um diese vor der Dauererreichbarkeit im Arbeitsalltag zu schützen.
Dadurch, dass fast ein Jeder von uns mittlerweile ein Handy oder Smartphone besitzt und zu jeder Tages-und Nachtzeit erreichbar ist, gibt es quasi, im wahrsten Sinne des Wortes, „kein Abschalten“ mehr. Das gilt im Arbeitsleben genauso wie im Privaten. Ich erhalte auf der einen Seite eine gewisse Sicherheit, kann z.B. als Kind meine Mutter oder meinen Vater erreichen und fragen, wann sie nach Hause kommen.

Auf der anderen Seite gibt es für mich keinen Schutz mehr. Durch die Dauererreichbarkeit habe ich als Mensch kaum noch die Möglichkeit über einen Sachverhalt nachzudenken. Oft werden Entscheidungen gleich und sofort getroffen, indem eintreffende Mails umgehend beantwortet werden.
Ich kann mich auf eine Situation oder einen Anruf innerlich nicht mehr einstellen, weil ich nicht weiß, ob und wann ich angerufen werde. Zudem haben einige Menschen „Angst“, etwas Wichtiges zu verpassen, und tragen aus diesem Grunde immer ihr Handy bei sich, um dadurch z.B. den Anschluss an ihre „Peergroup“ (insbesondere bei Jugendlichen und jungen Erwachsenen stark verbreitet) nicht zu verlieren.

Zunahme der Medien

Der Medienreichtum und die Medienfülle haben sich stark verändert. Ohne einen Computer im häuslichen Umfeld kann auch ein Schüler seine schulischen Aufgaben gar nicht mehr erledigen.
Unzählige Fernsehprogramme, Computerspiele, eine riesige Auswahl an Zeitschriften, Bücher, Radiosendungen lassen kaum noch Raum für andere Interessen und Inhalte. Da ich zu jeder Tages- und Nachtzeit den Fernseher einschalten kann und immer noch irgendwo eine Sendung finden werde, entstehen keine Freiräume mehr, die ich in irgendeiner Weise gestalten müsste. Ich kann ohne eine Eigenaktivität konsumieren.

Oftmals haben die kleinen Kinder aufgrund dieser Zusammenhänge das Spielen verlernt und wissen nicht mehr, was sie mit sich und ihrer Situation anfangen sollen. Die angeborene Phantasie, die normalerweise das kindliche Spiel beflügelt, geht verloren und ist nicht wieder aufbaubar. Im kindlichen Spiel werden Handlungsabläufe fürs spätere Leben eingeübt, soziale Kompetenzen erworben und Lösungsansätze für schwierige Lagen und Situationen erprobt. Fallen diese Übungsfelder weg, verkümmern diese Fähigkeiten.
Im späteren Erwachsenenleben sind diese Menschen dann bereits mit der Bewältigung ihrer Alltagsaufgaben völlig überfordert.

Aufgrund unserer seelischen Grundstrukturen und der Kenntnisse zur Verarbeitung der inneren und äußeren Reize, gehe ich davon aus, dass sich unsere seelische Lage durch die Reizüberflutung mit Informationen, durch die Medienvielfalt und durch die Dauererreichbarkeit zugespitzt hat.
Es fehlt uns Menschen die Möglichkeit des „Abschaltens", weil wir immer und überall über Handys und Smartphones erreichbar sind, sowie die Ruhe, um die vielen Reize ausreichend seelisch verarbeiten zu können.
Ebenso benötigen wir Strukturen, die uns eine bessere Orientierung innerhalb des Überangebotes an Waren ermöglichen. Außerdem brauchen wir Kriterien, die uns befähigen, z.B. Wichtiges von eher Unwichtigerem zu unterscheiden.
Da es diese Reizüberflutung, Dauererreichbarkeit usw. früher in dieser Weise nicht gab, haben wir es weder in den Familien, noch in der Schule oder innerhalb der gesellschaftlichen Strukturen gelernt, Kriterien zur Unterscheidung und zur Orientierung innerhalb des Überangebotes an Waren zu entwickeln.
Zudem haben wir in der Regel nicht gelernt, wie wichtig Ruhephasen oder Zeiten des „Abschaltens" sind.

Außerdem wird auch in den Schulen Wissen häufig nur noch „konsumiert".
Schule im klassischen Sinne vermittelt den Schülerinnen und Schülern Wissen, das über Klassenarbeiten später wieder abgefragt wird.
Lerninhalte werden bei dieser Art des Lernens eher „oberflächlich" gelernt und stehen den heranreifenden Kindern und Jugendlichen daher nicht wirklich als lebensrelevanter Lerninhalt zur Verfügung. Fürs Leben zu lernen setzt dagegen aktive Prozesse voraus. Erst wenn die Schülerinnen und Schüler sich Lerninhalte selbst erarbeiten und „Dinge und Zusammenhänge aktiv begreifen", lernen und verstehen sie Inhalte ganzheitlich und können sie später fürs eigene Leben nutzen.
Ansonsten sollte es das Ziel für jeden Menschen sein, damit die „Seelenhygiene" erhalten bleibt, sich selbst und auf die eigenen Bedürfnisse individuell abgestimmte Strukturen und Unterscheidungskriterien zu schaffen.

Doch, wie kann ich mir diese Fähigkeiten aneignen? Welche Grundvoraussetzungen benötige ich, um mein Leben seelisch gesund und selbstbestimmt auszurichten?

Im Verlauf dieses Buchen werden diese Fragen auf vielfältige Weise beantwortet und zudem werden, gegen Ende des Buches, in einer abschließenden Betrachtung die verschiedenen Aspekte noch einmal zusammengeführt.

Die besondere Rolle des ICH

(Diese Ausführungen halte ich für sehr wichtig! Ich möchte keiner Leserin und keinem Leser mit diesen Ausführungen zu nahe treten. Jede, jeder soll selbst für sich entscheiden, inwiefern sie oder er meine Auffassungen teilt, billigt oder ablehnt. Zur Vollständigkeit meiner Betrachtungen sind diese Ausführungen für mich aber unerlässlich, daher dürfen sie hier nicht fehlen.)
Wie bereits erwähnt, handelt es sich beim anthroposophischen Vorstellungsbild der Seele um ein dreigliedriges, bestehend aus dem Leib, der Seele und dem Geist, zu dem sich eine vierte Kraft hinzugesellt, die des ICHs. Dieses ICH stellt „unseren ganz individuellen persönlichen Kern“ dar. Es kann nur jeder zu sich selbst „ICH“ sagen. Kein anderer Mensch ist dazu in der Lage. Wir können nur versuchen, uns in die Lage eines anderen Menschen hineinzuversetzen, das Erleben ist aber stets ein anderes.

Es mag ähnliche Empfindungen geben, Seelenverwandtschaften, ähnliche Schicksale. Dennoch ist jedes Erleben und jeder Augenblick für einen Menschen einmalig. Auch bei eineiigen Zwillingen handelt es sich um zwei verschiedene Individualitäten, die ähnlich erleben mögen, aber nicht identisch fühlen.

Dieses ICH ist nun etwas ganz Besonderes!

Rudolf Steiner war der Auffassung, ebenso wie C.G. Jung, dass es (ich nenne es jetzt „Geistiges“ oder „geistige Kraft“) etwas Geistiges gibt, was über unser Menschendasein hinausreicht und unser Leben mit beeinflusst. Gläubige Menschen würden diese geistige Kraft vielleicht als Gott bezeichnen oder als Engelwesen usw.

Diese geistigen Kräfte wirken auf der einen Seite individuell, indem jeder Mensch seinen eigenen Weg beschreitet und seine eigenen Entwicklungsaufgaben zu bewältigen hat.

Diese individuelle Kraftwirkung wird in der Anthroposophie als persönlicher Schicksalsweg beschrieben. Auf der anderen Seite gibt es „allgemein wirksame" geistige Kräfte, die z.B. auf unser Wachstum und auf das der Natur wirken.

Ein Beispiel für diese mehr als allgemein zu bezeichnende Wirksamkeit des Geistigen finden wir z.B. in der ebenfalls anthroposophisch ausgerichteten biologisch-dynamischen Landwirtschaft, in der die Pflanz-und Erntezeiten u.a. nach den Mondzyklen erfolgen.

Ein weiteres Beispiel finden wir in der Metamorphose der Pflanze.
Die Pflanze durchläuft in ihrer Ausgestaltung der Blatt- und Blütenblätter eine Wandlung, eine Metamorphose, wobei sich die Ausgestaltung nach einem gewissen Prinzip vollzieht. Hier handelt es sich wiederum um geistige Kräfte, die hier wirksam werden und nicht stofflich oder naturwissenschaftlich nachgewiesen werden können.

Neben dem individuellen geistigen Weg, den jeder Mensch beschreitet und den allgemein wirksamen geistigen Kräften, die auf uns Menschen wirken, gibt es noch *eine weitere „dritte Funktion" des ICH, die des Wesenskerns, der nach dem Tod des Menschen ins Geistige übergeht.*

In der Anthroposophie besteht die Auffassung, dass im Geistigen, nach dem Tod, das individuelle ICH die Erfahrungen des letzten Lebensweges verarbeitet und sich anschließend auf ein neues Erdendasein vorbereitet, individuell mit neuen Aufgaben „ausgestattet", für ein weiteres neues Leben. Schließlich werden wir erneut geboren, wenn wir eine Menschengemeinschaft gefunden haben, die für unsere weitere individuelle Entwicklung von Bedeutung ist.

Die Anthroposophie, die R. Steiner begründet hat, geht daher davon aus, dass wir als Menschen nicht nur das eine Leben hier auf Erden haben, sondern mehrere menschliche Inkarnationen (anders als im Hinduismus z.B., wo wir auch als Tiere wieder geboren werden können) durchlaufen. Wir werden somit wiedergeboren und entwickeln uns im Laufe der verschiedenen Leben weiter.

(Ich möchte hier aber keine Einseitigkeiten in den Betrachtungen herstellen!)

Es handelt sich hier um eine von vielen möglichen Sichtweisen. Für manche Menschen gibt es nur das eine Leben, andere wiederum sind sich nicht ganz sicher. Einige glauben an Gott, fühlen sich geistig begleitet und geführt, und andere haben den Glauben verloren oder nie einen gehabt.

Für das Weiterlesen des Buches spielt das keine so entscheidende Rolle, lediglich vereinfacht es das Verständnis für meine Darstellung der seelischen Zusammenhänge.

Nun, was ermöglichen mir die drei genannten Funktionen des ICHs?
Auf der einen Seite habe ich als Mensch schon zu Lebzeiten die Möglichkeit mich geistigen Fragestellungen zuzuwenden. Ich kann mich als Mensch, über verschiedene „Techniken", z.B. über die der Meditation etc. (auf weitere Möglichkeiten werde ich in einem späteren Abschnitt des Buches noch weiter eingehen) auf den „Weg" begeben. Vielleicht gelingt es mir schon zu Lebzeiten, Zusammenhänge in meinem Leben zu erkennen, die eher allgemeiner, „geistiger Natur" sind, wie z.B. die der Metamorphosen-Lehre oder die der Wirksamkeit der Homöopathie. Welches Mittel passt zu mir, welches ist mein „Konstitutionsmittel"? Die homöopathische Wirkweise lässt sich nur anhand eines tieferen geistigen Verständnisses erfassen.

Vielleicht komme ich aber auch im Laufe meines Lebens hinter meine „Lebensaufgabe" in diesem Leben. Warum treffe ich immer auf einen bestimmten Typ Mensch, warum wiederholen sich bestimmte Muster in meinem Leben?
Was soll ich daraus lernen, welche Fähigkeiten werden über die individuellen Lebensfragen entwickelt, usw.?

… die Idee der Reinkarnation …

Auf der anderen Seite „überlebt" unser geistiger „ICH-Wesenskern" den irdischen Tod und kann sich individuell durch die verschiedenen Leben weiter entfalten und heranreifen … Wie ein Schmetterling, der zur Raupe wird, sich verpuppt und als neuer Schmetterling neu geboren wird …
Das ICH kann auf Erden eine Verbindung zum Geistigen herstellen.
Insofern sind wir als Menschen niemals ohne VERBINDUNG UND ANBINDUNG!

Mit dem Tod stirbt somit unser Leib, unsere Seele (seelisches Erleben, weil es an unseren Leib gebunden ist) und unser Geist (gemeint sind unsere intellektuellen und geistigen Vorstellungsfähigkeiten, die ebenfalls an den Leib und unsere Leibfunktionen gekoppelt sind). Das ICH wird aber in seiner „geistigen Form“ erhalten bleiben und es ist zu jeder Zeit wandlungsfähig.

Wenn wir nun „diesen Faden weiter spinnen“ und als Säugling in eine Familie hinein geboren werden, verlieren wir zwar die Erinnerungen an die Zeit ohne Seele und ohne Leib, da sie ja rein geistiger Natur waren. Dennoch gibt es manchmal ***„Erinnerungsspuren“***, die wir kaum „hier auf Erden“ einordnen können.

Aus meiner Erfahrung kann ich berichten, dass ich …

… im Laufe meines Lebens Menschen getroffen habe, die mir, obwohl ich sie noch nie zuvor gesehen hatte, vertraut und bekannt vorkamen.
… Träume gehabt habe, die in einer anderen Zeitepoche spielten.
… an Orte kam, die ich nie zuvor besucht hatte und an denen ich mich dennoch heimisch fühlte.
… nach dem Aufwachen, neue Ideen und Lösungsansätze für schwierige Fragen und Probleme vor Augen hatte.

R. Steiner spricht bezogen auf das ICH (genaue Stelle ist mir leider unbekannt) von einem „Telefonanschluss“ zur geistigen Welt.

Wir sind über unser „ICH“, wenn wir es wollen, und wenn es uns „familiär“ oder auch „individuell“ „in die Liege gelegt“ wurde, oder wir uns nach Krisen auf die Suche begeben wollen, sozusagen in der Lage, uns auch schon hier auf Erden mit dem „Geistigen“ zu verbinden. Diese Vorstellung, den Menschen mit seinen leiblichen-, seelischen-, geistigen- und ICH-Kräften schon zu irdischen Lebzeiten an die über-irdisch geistigen Kräften „anzubinden“, halte ich für sehr bedeutsam, weil einige Menschen in ihren Familien nicht die Zuwendung und Geborgenheit finden können, die sie für die Ausbildung eines guten Lebensgrundgefühls brauchen. In Folge haben diese Menschen daher oftmals eine „riesige Sehnsucht in sich, die zugleich ein

Gefühl der Leere zurücklässt“, so dass sie sich alleine und „im Stich gelassen“ fühlen und ständig auf der Suche nach „Erfüllung“ sind.

Überlegen Sie, ob Sie auch schon einmal einem Menschen begegnet sind, den Sie nicht kannten und bei dem Sie das Gefühl hatten, ihn schon ewig zu kennen.
Welche Einstellung haben Sie zum Leben, zur Idee der Wiedergeburt?
Glauben Sie an ein Leben nach dem Tod?
Schreiben Sie Ihre Erfahrungen in Ihr Buch!

Nach diesen Ausführungen möchte ich in meinen Formulierungen wieder etwas mehr „Bodenhaftung“ annehmen. Für den einen oder anderen waren die Ausführungen vielleicht etwas zu „abgehoben“, vielleicht haben sie Ihnen aber auch dabei geholfen, sich selbst zu positionieren bzw. darüber nachzudenken, was Sie von der Idee der Wiederverkörperung halten.

Bindung, mit Basisemotionen werden wir geboren

Wir alle kommen mit sogenannten Basisemotionen auf die Welt, schreibt „Gerhard Roth“ in seinem Buch: „Fühlen, Denken, Handeln“ (2003) und beschreibt, dass „Ekmann“ hierzu ausgedehnte Untersuchungen durchführte und nachwies, „dass zumindest sechs emotionale Zustände, nämlich Glück, Überraschung, Furcht, Verachtung, Trauer und Ärger durch unterschiedliche Gesichtsausdrücke und Lautäußerungen charakterisiert sind, die von Menschen in 21 Völkern der Erde spontan richtig gedeutet wurden. Ähnliches scheint seiner Meinung nach auch für Verlegenheit zu gelten“. (S. 294 Tb.)

Bezogen auf die Basisemotionen werden alle Menschen als Säuglinge sozusagen mit den gleichen Voraussetzungen geboren. Menschen entwickeln sich dennoch sehr unterschiedlich. Erste Anhaltspunkte für die Gründe habe ich bereits im Kapitel eins erwähnt.

Unter dem Aspekt der Reinkarnation werden wir mit unterschiedlichen Erfahrungen aus vorangegangenen Erdenleben geboren (für Anhänger des Reinkarnationsgedankens sollte dieser Aspekt mit in die Überlegungen eingebunden werden).

Daher ist es unter diesen Gesichtspunkten auch nicht verwunderlich, wenn oftmals schon Säuglinge sehr unterschiedliche Willensbekundungen zeigen. Es gibt Kinder, die von klein auf schon sehr energisch auf ihre Umwelt reagieren, während andere eher zurückhaltend und schüchtern wirken.

Zudem werden wir mit ganz unterschiedlichen leiblich-genetischen Voraussetzungen geboren, wir haben unterschiedliche Konstitutionen. So wird z.B. in der Homöopathie (ein Heilverfahren von S. Hahnemann begründet, bei dem durch potenzierte pflanzliche, tierische und mineralische Stoffe eine Verbesserung der Befindlichkeit bzw. eine Heilung des Menschen angestrebt wird) der Mensch in bestimmte Konstitutionstypen eingeteilt und es werden stärkende Medikamente je nach Konstitutionstyp ermittelt. Ein weiterer wichtiger Aspekt sind die seelischen Bedingungen,

in die wir hineingeboren werden.
Auf die seelischen Grundbedürfnisse des Menschen gehe ich nun genauer ein, weil sie für die spätere Entwicklung und das Leben eine entscheidende Rolle spielen.

Bindung und Sicherheit

Wir Menschen sind vor allen Dingen soziale Wesen, und es gehört zu unseren Grundbedürfnissen, von anderen Menschen geliebt, bestätigt und in unserer Persönlichkeit geachtet und geliebt zu werden. „Denn das ist unsere Sehnsucht: erkannt zu werden. Wir wollen erkannt werden in unserem Wesen, mit unseren Stärken und Schwächen, und so wollen wir auch geliebt werden." G. Hüther, Uli Hauser (2012), „Jedes Kind ist hochbegabt", Knaus Verlag, S. 27

Die ersten Beziehungs- und Bindungserfahrungen beginnen bereits im Bauch der eigenen Mutter, also während der Schwangerschaft. „Anne-Ev Ustorf schreibt in einem Sonderheft der „Psychologie heute compact, Die Kindheit", Heft 25, (2010)

„Im Mutterleib finden starke Prägungen in der Tiefenemotionalität statt. Die gesamte Stamm-und Mittelhirnregion, in der die Gefühle generiert werden, wird vor der Geburt geprägt, genauso wie sich während der Schwangerschaft auch der Körper des Ungeborenen entwickelt.
Das entstehende Gehirn des Fötus schaltet sich so, wie es das Umfeld vorgibt. Ist das Umfeld eher beängstigend, werden mehr „negative" Synapsen herausgebildet – also Synapsen für Stress, Angst, Unruhe. Ist die Mutter ausgeglichen und freut sich über die Schwangerschaft, dann fühlt sich das Kind erwünscht und bildet mehr Synapsen (Nerven- Verschaltungen im Gehirn) für Glück und Zufriedenheit aus. Stress im pränatalen System kann dauerhafte Schäden für die psychische Gesundheit des Kindes anrichten und unter anderem dazu führen, dass das Kind von vornherein nicht die Fähigkeit ausbildet, die eigenen Gefühle zu regulieren".

Wie diesem Zitat zu entnehmen ist, haben die seelischen Erfahrungen, die wir während der Schwangerschaft im Bauch der eigenen Mutter machen, einen sehr prägenden Einfluss auf unser weiteres Leben. Je nachdem in welcher Weise die

Mutter seelisch auf das heranreifende Kind reagiert, ob sie mehr wohlwollend, ambivalent oder eher ablehnend gestimmt reagiert, hat das u.a. qualitative Auswirkungen auf die Bildung der synaptischen Verschaltungen in unserem Gehirn. Das bedeutet, dass die Gefühle im Mutterleib bis in die Bildung unserer Organe und unserer Hirnstrukturen hinein wirken und auch unseren Umgang mit Stress bereits beeinflussen können. Erlebt das Kind zum Beispiel eher ablehnende Gefühle im Mutterleib, kann es seelisch unter Druck geraten und insgesamt stressanfälliger als andere Kinder zur Welt kommen.

Diese ersten Bindungs- und Gefühlserfahrungen während der Schwangerschaft haben somit Auswirkungen auf unser gesamtes weiteres Leben. Doch die Schwangerschaft ist nur der Anfang für unsere Prägungen, die unser weiteres Leben massiv beeinflussen werden. Bezüglich unseres Sozialverhaltens und unseres späteren Bindungsverhaltes anderen Menschen gegenüber, geht die Prägung innerhalb der ersten drei Lebensjahre des Kindes weiter, wobei in der Bedeutung das erste Lebensjahr das entscheidendste sein dürfte.

Dass unser Bindungsverhalten und die damit einhergehende Bindungssicherheit eine so wichtige Rolle in unserer Entwicklung spielt, hat John Bowlby (1907-1990), Begründer der „Bindungstheorie", entdeckt.

„Die Bindungstheorie begreift das Streben nach engen emotionalen Beziehungen als spezifisch menschliches, schon bei Neugeborenen angelegtes, bis ins hohe Alter vorhandenes Grundelement.
Im Säuglings- und Kindesalter sichert uns die Bindung an die Eltern (bzw. entsprechende Ersatzfiguren) Schutz und Zuwendung und den Beistand dieser Personen, selbst bei gesunder psychischer Entwicklung bleibt sie bis weit ins Erwachsenenleben bestehen, ergänzt durch neue, meist heterosexuelle Bindungen." S.114 „Elternbindung und Persönlichkeitsentwicklung", John Bowlby, Dexter Verlag, (1995)

Das Zitat bringt noch einmal sehr deutlich zum Ausdruck, dass wir als soziale Wesen auf die Bindung und Zuwendung durch unsere Mitmenschen ein Leben lang angewiesen sein werden.

„John Bowlby“ hat sich quasi sein ganzes Leben lang mit den unterschiedlichsten Formen der menschlichen Bindungen beschäftigt und hat insgesamt vier verschiedene Grundformen an Bindungsstilen herausgefunden:

1. Sichere Bindung
2. Unsicher-Vermeidende Bindung
3. Unsicher-Ambivalente Bindung
4. Unsicher-Desorganisierte Bindung

John Bowlby und die Bindungstheorie, Reinhardtverlag, S.129 Jeremy Holmes, (2002)

... Bindungsstile werden über die „Fremde Situation“ erkannt ...

Um herauszufinden, über welchen Bindungstyp ein Kind an seine Mutter oder seine Bindungsperson gebunden ist, haben Karin und Klaus Grossmann aus Regensburg eine „Versuchssituation“ geschaffen, über die Bindungsstile erkannt werden.
In der sogenannten “Fremden Situation“ wurde die Reaktion von kleinen Kindern beobachtet, überprüft und „getestet“, wenn sie von ihren Müttern, nachdem sie mit diesen zuvor gespielt hatten, verlassen wurden und dann nach kurzer Zeit wieder zum Kind zurückkehrten.
„Ulried Geuter“ schreibt (Psychologie compact, Heft 25, Seite 38/39)

„Sicher-Gebundene Kinder werden traurig, lassen sich von der Mutter in den Arm nehmen und trösten, wenn diese zurückkommt, um danach wieder zufrieden spielen zu können. Die Mutter ist dem Kind zugewandt und geht auf es ein.
In anderen Fällen wirken die Mütter verunsichert, sind mal feinfühlig, mal aufdringlich, wollen das Kind bei sich haben, oder schicken es weg - ohne eine für das Kind erkennbare Struktur. Die Folge: ***Eine Unsicher-Ambivalente Bindung entsteht.***
... Weist die Mutter die Wünsche des Kindes nach Nähe und Trost zurück, ***entsteht eine Unsicher-Vermeidende Bindung***. Das Kind lernt, dass es mit seinen schwierigen Gefühlen zu Niemandem hingehen kann ... Solche Kinder erscheinen äußerlich ruhig. Misst man jedoch ihre Stresshormone, sieht man eine große innere Anspannung. Kommen sie in die Krippe, dann sieht es so aus, als mache ihnen die Trennung von der Mutter nichts aus ... Als Erwachsene sind sie leicht pseudounabhängig, nach außen stark, im Innern hilflos.“

Wie sind Sie aufgewachsen? Welchem Bindungstyp würden Sie sich zuordnen? Falls Sie bereits eigene Kinder haben, überlegen Sie bitte, welcher Bindungsstil in der Beziehung zu ihrem Kind/ihren Kindern vorliegt. (Kleiner Hinweis: Bei mehreren Kindern können auch mehrere Bindungsstile in der Beziehung zwischen Kind und einer Bindungsperson auftreten.)

Sicher gebunden und unsicher gebunden:

Zur Vereinfachung möchte ich im weiteren Verlauf des Textes zwischen den Kindern und späteren Erwachsenen unterscheiden, die ein Gefühl der Sicherheit im Umgang mit ihren Bindungspersonen während Ihrer Kindheit entwickeln konnten bzw. jenen Kindern und jetzigen Erwachsenen, die im Kontakt mit Ihren Bezugspersonen viele Unsicherheiten erfahren haben.

Bisher wurde deutlich, dass die Gefühle, die der heranwachsende Mensch im Mutterleib erlebt, bis in die synaptische Reifung der Nervenzellen hinein Auswirkungen haben können. Zudem finden erste Bindungserfahrungen im Mutterleib statt. Die Art der Bindung wird darüber entscheiden, in welcher Weise der heranreifende Mensch als Erwachsener auf andere Menschen reagieren und zugehen wird.
Der Bindungsstil wird ebenfalls die Art und Weise bestimmen, wie wir als erwachsene Menschen, ob eher sicher oder unsicher, auf neue Erfahrungen - und auf fremde Menschen zugehen werden.

Die Bindungserfahrung hat somit Auswirkungen auf unser Lebensgefühl, darauf, ob wir uns sicher und angenommen fühlen und durch dieses positive Grundgefühl mit einer gewissen bejahenden Lebensstimmung auf neue Lebensereignisse zugehen werden oder eher abwartend bzw. auf eigene Unsicherheiten eher überspielend reagieren werden.
Neben der Bindung, die wir im Umgang mit unseren engsten Bindungspersonen erfahren, und die unseren späteren Bindungsstil prägen wird, werden wir auch in der

Lebenshaltung, oder anders formuliert, durch die in der Familie vorhandene Atmosphäre und durch die spezifischen Sichtweisen der Bezugspersonen beeinflusst.

Die Atmosphäre der Kindheit und ihre Auswirkungen

... die Stimmung in unserer Kindheit prägt uns ebenfalls entscheidend ...

Wie bereits beschrieben, spielt der Bindungsstil der Bezugspersonen, den wir als Prägung in unserer Kindheit erhalten, eine entscheidende Rolle.
Eine weitere entscheidende Rolle spielt auch die Atmosphäre, in der wir aufwachsen. Es gibt Familien, die sich über die Ankunft eines Kindes freuen und dem Kind und seinen Bedürfnissen offen begegnen. Diese Familien versuchen, sich auf das Kind und seine Signale einzustellen und es in seinen eigenen Wünschen und seinen Bestrebungen zu unterstützen.
Auch wenn sich das Kind in seiner weiteren Entwicklung mehr und mehr verselbstständigt und sich allmählich von der Familie "wegbewegen möchte", um zunehmend eigene Erfahrungen sammeln zu können, wird es weiterhin von seiner Familie in seinen Bestrebungen ermutigt.

In anderen Familien dagegen sind die Voraussetzungen für das Kind nicht ganz so ideal. Vielleicht kam das Kind ungewollt zur Welt, oder es gibt Faktoren, wie Arbeitslosigkeit, Krankheit usw., die die Familie stark belasten. Ebenso kann es sein, dass bereits die Eltern des Kindes in ihrer Kindheit wenig Aufmerksamkeit bekommen haben. Es gibt viele Gründe, die auf die Atmosphäre in einer Familie belastend wirken können, so dass die Bezugspersonen ihrem Kind nicht die Zuwendung geben können, die es für die Entwicklung und die Ausbildung eines gesunden Selbstwertgefühls bräuchte. Diese Stimmung im häuslichen Umfeld hat nicht nur Auswirkungen auf die Entwicklung des Kindes, sondern bestimmt auch die zukünftige Sichtweise des Kindes, mit der das Kind seine Umwelt im weiteren Verlauf seiner Entwicklung wahrnehmen wird.

„Indem sie (die Mutter) selektiv auf seine Äußerungen (des Säuglings) oder Nichtäußerungen eingeht, schafft sich jede Mutter ihr Kind, und das Kind lernt sich nicht nur kennen, wie es ist, sondern vor allem, wie es von seiner Mutter gesehen wird.

Mit der Zeit sieht es sich dann mit den Augen seiner Mutter, ohne zu wissen, dass es ihre Augen sind, mit denen es sich schließlich betrachtet". Tb. S. 210, Martin Dornes, Die emotionale Welt des Kindes, (2000)
Dieses Zitat ist auf alle Bezugspersonen, die unmittelbar mit dem Kind zusammenleben, übertragbar.

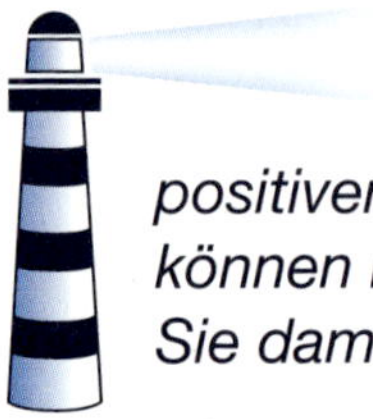

Nehmen Sie sich ein wenig Zeit und überlegen Sie, welche positiven Erlebnisse Sie aus Ihrer Kindheit erinnern (es kann eines oder es können mehrere Erlebnisse sein) und welche Gefühle und Sinneseindrücke Sie damit verbinden.

... daher gilt auch für unser weiteres Leben ...

Für Menschen, die in einer wohlwollenden, offenen Atmosphäre heranwachsen, besteht die große Möglichkeit, sich im Austausch mit anderen Menschen zu entwickeln und eigene, bestehende Erfahrungen durch neue zu ergänzen.
Denn im Laufe ihrer Entwicklung haben sie die „Botschaft" ihrer Bezugspersonen erhalten, sich auch für andere, über die bestehenden familiären Vorstellungen hinausreichende, Ideen interessieren zu dürfen.

Umgekehrt haben es Menschen, die in einem relativ engen Vorstellungs- und Empfindungskorsett heranwachsen, schwerer, sich auf die Sichtweisen anderer Menschen einzustellen, da sie z.B. über den Gesichtsausdruck einer Bezugsperson in ihrer Kindheit häufig „entmutigt und abgestraft" wurden, wenn sie sich für Neues interessierten.

Zwei Beispiele sollen diesen Zusammenhang etwas verdeutlichen:

Tante Brunhilde hat sich telefonisch angekündigt und möchte zu Besuch kommen. In der Vergangenheit hat sie bei jedem Besuch, den sie der Familie abgestattet hat, über die unaufgeräumte Wohnung der Eltern geschimpft, so dass davon auszugehen ist, dass das Kind seine Eltern während der Besuche dieser „pingeligen Tante"

emotional gestresst erlebt hat.
Schon das Telefongespräch dürfte, bei dem telefonierenden Elternteil, ablehnende, genervt aussehende Gesichtszüge hervorgerufen haben. Die Gesichtsausdrücke der Eltern und die entsprechend angespannte Atmosphäre im häuslichen Umfeld, werden sich dem Kind als Stimmung schnell einprägt haben.
Sobald also von Tante Brunhilde die Rede sein wird oder das Kind, den, mit Tante Brunhilde verknüpften negativen Ausdruck im Gesicht der Eltern sehen wird, werden die alten Eindrücke im Innern des Kindes wieder wachgerufen.

Genauso verhält es sich mit positiven Erlebnissen, die an gute Erinnerungen und Gefühls-Stimmungen gekoppelt sind. Z.B. habe ich den Garten meiner Oma geliebt, in dem saftige Erdbeeren und duftende Rosen wuchsen. Zudem bildeten sich im Laufe des Sommers auf ihrem Komposthaufen riesige gelbe Kürbisse. Erdbeeren und duftende Blumen verbinde ich mit entspannten Besuchen bei meiner Oma im Sommer. Die Erwachsenen unterhielten sich auf der Terrasse, und wir Kinder haben im Garten gespielt und uns ab und an eine frische Erdbeere gepflückt. Zur Erfrischung bekamen wir ein Eis aus der Tiefkühltruhe.
Den Geschmack der Erdbeeren kann ich bis heute erinnern, den Duft der Rosen ebenso.
Vor allen Dingen waren alle Beteiligten in ihren Gesichtszügen und ihren Körperhaltungen entspannt. Für meinen Cousin und mich bedeutete diese entspannte Atmosphäre, dass wir auf „Entdeckungstour" gehen und uns stundenlang mit der Erkundung des Gartens beschäftigen konnten. Wir haben Rinnsale gebaut und das Wasser aus der Regentonne in den Garten fließen lassen. Die entspannte Stimmung der Erwachsenen untereinander hatte sich daher auf uns Kinder übertragen.

Neben diesen Kindheitserfahrungen gibt es unzählige andere Beispiele.
Vielleicht gehören Sie auch zu den Menschen, die ein angenehmes Gefühlserlebnis mit einer bestimmten Lebenserfahrung oder einer Lebensphase in Verbindung bringen können? So haben Sie vielleicht Ihren Freund oder Ihre Freundin das erste Mal geküsst, als ein entsprechend romantisches Lied im Hintergrund lief. Wird dann dieses Lied im Radio später erneut gespielt, ist das Erlebnis, mit all seinen Eindrücken und Stimmungen, sofort wieder präsent, auch nach Jahren noch.

Das bedeutet, dass wir unsere Umwelt durch die „Brille“, die uns von unseren Eltern bzw. Bindungspersonen „aufgesetzt“ wird, sehen lernen. Wir erhalten im wahrsten Sinne des Wortes positive und negative „Eindrücke“ und erinnern diese, wenn wir einen entsprechenden „Auslöser“ wahrnehmen, ein Gesichtsausdruck im Kontakt mit den Eltern wieder erscheint, oder ein alt bekanntes Lied im Radio gespielt wird.
Es kann auch ein bekannter Geruch aus der Küche sein, der ins Wohnzimmer zieht und alte Erlebnisse vor unserem „inneren Auge“ entstehen lässt.

„Fitting together“, der Tanz der gegenseitigen Kommunikation

Die letzten beiden Unterkapitel haben deutlich gemacht, dass die Art der Bindung (sicher- oder eher unsicher) und die Atmosphäre, in der wir aufwachsen, Auswirkungen auf unser späteres Leben haben werden. Sowohl die Art der Bindung, als auch die familiäre Atmosphäre entstehen immer durch ein Zusammenspiel von zwei- oder mehreren Menschen.
Nun stellt sich die Frage, wie Bindung überhaupt entsteht, wie es einem kleinen Säugling möglich ist, Stimmungen und Reaktionen seiner Mitmenschen mitzubekommen? Die zuvor genannten Beispiele haben es schon in einer gewissen Weise zum Ausdruck gebracht: Es ist in erster Linie der Gesichtsausdruck, über den die Bindungsperson gleichzeitig Gefühle und Stimmungen an den Säugling weitergibt.
Zuerst sind es lediglich die Augen, auf die der kleine Mensch fixiert ist und erste Eindrücke aufnimmt. „Im Alter von sieben Wochen reagieren sie auf die Augen, als handelte es sich bei ihnen nicht nur um die „geografische“ Mitte des Gesichts, sondern auch um die „psychologische“ Mitte der betreffenden Person. Falls Sie schon einmal „Kuckuck“ mit einem Säugling gespielt haben, wissen Sie, was ich meine! Zwar zeigt das Kind bereits erwartungsvolle Freude, solange Sie das Tuch, mit dem Sie Ihr Gesicht verdecken, langsam sinken lassen. Der Höhepunkt seiner Freude stellt sich jedoch erst genau dann ein, wenn es Ihre Augen sieht.“ D. Stern (1993), Tagebuch

eines Babys, S. 54
Im weiteren Verlauf der Entwicklung ist es der gesamte Gesichtseindruck und später kommen weitere Merkmale wie Haltung, Stimmmelodie, Stimmhöhe hinzu, die zu einem Gesamteindruck werden und von uns Menschen zur Einschätzung einer Situation und eines Mitmenschen verknüpft werden.
Der Gesichtseindruck bleibt aber quasi „das Haupterkennungsmerkmal", auf das wir uns zuerst „bei einem uns unbekannten Menschen" konzentrieren werden.

Damit wir aber überhaupt in die Lage versetzt werden, uns „einen Eindruck" über einen Menschen oder eine Situation zu verschaffen, brauchen wir unsere direkten Bezugspersonen, die uns über ihre Augen „in die neue Welt", die der Säugling sich nach und nach erkunden möchte, einführen.
Wie schon erwähnt, lernen wir die Welt durch „die Brille" unserer direkten Bindungspersonen kennen. Gleichzeitig benötigen wir „ein Instrument oder eine Möglichkeit", über die wir den Gesichtsausdruck und die damit einhergehenden Empfindungen „lesen können". Die Neurowissenschaftler sprechen von den sogenannten „Spiegelneuronen", die es uns ermöglichen, mit einem anderen Menschen mitzufühlen und ein Bild dieses Menschen mit seinen Stimmungen und Gefühlen in uns zu erzeugen. In der Fachsprache wird von den Resonanzphänomenen gesprochen, die es uns ermöglichen, Gefühle und körperliche Gesten unserer Mitmenschen „zu lesen" und in uns zum Klingen zu bringen. Auf diese Weise können wir uns in die Situation eines anderen Menschen hineinversetzen. „Nicht nur der Ausdruck unserer Mimik, auch die mit ihr verbundenen Gefühle können sich von einem Menschen auf den anderen Menschen übertragen. Phänomene der Gefühlsübertragung sind uns derart vertraut, dass wir sie als selbstverständlich voraussetzen. Wir stutzen erst dann, wenn sie uns dadurch auffallen, wenn sie ausbleiben. Menschen reagieren selbst wie unter Schmerz, wenn sie den Schmerz einer anderen Person miterleben, sie verzerren das Gesicht …" Joachim Bauer (2005), „Warum ich fühle, was du fühlst", Hoffmann und Campe Verlag, Hamburg, S. 11.
Wir sind als heranwachsende Menschen sozusagen von den Gesichtsausdrücken und den damit einhergehenden Gefühlsempfindungen abhängig und lernen auf diese Weise die „Welt um uns herum kennen". Doch ist es nicht nur der Gesichts-

ausdruck, mit dem dazu gehörigen Gefühl, welches uns und unser späteres Verhalten mit beeinflussen wird. Es sind zudem die Reaktionsschnelligkeit und die Reaktionsqualität (ob wahrhaftig oder gespielt), die Art, wie die Bindungsperson auf den kleinen Menschen reagiert, die letztendlich dann darüber entscheiden, ob wir zu den Sicher-Gebundenen Menschen oder den Unsicher-Gebundenen gehören werden.

Das in dem Zitat erwähnte Resonanzphänomen funktioniert quasi in einer „regulär verlaufenden" Entwicklung „automatisch". Wir können mitempfinden, wie es einem anderen Menschen in bestimmten Lebenssituationen ergeht, weil wir durch unsere Spiegelneuronen seine Gefühle in uns spüren können. In dem Moment, wo wir den Erzählungen unseres Gegenübers, seinen Gesichtsausdrücken, seiner Gestik und Mimik folgen, wird in unserem Inneren ein Gefühl des Erlebten gebildet.

Voraussetzung für dieses gesunde Miterleben ist aber eine geglückte Mutter-Kind-Interaktion in der frühen Entwicklung des Kindes. Nun stellt sich an dieser Stelle die Frage, welche Faktoren bedingen eine geglückte Kommunikation. Zu dieser Frage hat insbesondere der Säuglingsforscher Daniel Stern geforscht und die Mutter-Kind-Interaktion immer wieder beobachtet.
Er beschreibt in seinem Buch: „Tagebuch eines Babys" folgende Szene zwischen einer Mutter und ihrem Kind: „Wenn sie sich zu ihm beugt, um ihn zu berühren, dann steckt die natürliche Macht ihres Lächelns auch ihn emotional an: Ihr Lächeln bewirkt nicht nur, dass er zurück lächelt, sondern haucht ihm geradezu neues Leben ein. Nun kann er im von ihr gefühlten und gezeigten Lebensrhythmus mitschwingen-sein Vergnügen, zu dem ihr Lächeln ihn verführt, wächst. Glücklich überlässt er sich völlig der Mutter … Ihr Gesicht wird zur Brise … Sie ist der Wind, mit dem sich meine Segel füllen. Aufs Neue beginnt der Tanz in meinem Innern. In diesem Augenblick reagiert er also nicht nur, sondern identifiziert sich auch mit ihr. Haben Mutter und Kind in diesem Alter (3. Lebensmonat) erst einmal Blicke ausgetauscht, dann ereignet sich bei dem dabei in Gang gesetzten Prozess Folgendes: Joey (Säugling) lächelt etwas zeitversetzt zu seiner Mutter. Das ist ganz in Ordnung, denn ein Lächeln braucht Zeit, um sich über das ganze Gesicht auszubreiten und erst dann langsam wieder zu verblassen. Erst das volle Lächeln seiner Mutter löst Joeys eigenes Lächeln aus. Und erst wenn seines den Höhepunkt erreicht hat, belebt es das bereits verblassende

Lächeln seiner Mutter neu. Der verschobene Rhythmus sorgt beim anderen jeweils für einen Neubeginn … Letztlich ist dieser einfache, spielerische Austausch zwischen Mutter und Kind ein wesentliches Fundament für alle späteren Interaktionen." S. 71.

Diese Textstelle beschreibt sehr genau, den sich gegenseitig „beflügelnden Tanz der Kommunikation", Daniel Stern nennt ihn das „fitting together" Die Dynamik des Lächelns bei der Mutter, das zu einem Höhepunkt anschwillt, löst in diesem Moment wiederum das Lächeln beim Säugling aus usw. Im vierten Lebensmonat wird dann dieser „Tanz" durch die Wiederholung von Lauten und Geräuschen „weiterentwickelt". Laute und Geräusche werden nicht nur gegenseitig wiederholt, sondern erweitert. Entweder es kommen neue Wortelemente hinzu, oder die Stimme beider Kommunikationspartner wird moduliert, d.h. die Stimme wird gesenkt oder steigt freudig nach oben. „Die beiden Kommunikationspartner erweitern den „gemeinsamen Tanz" durch neue Spielbeiträge und steigern dadurch das Erleben.

Zusammenfassend lässt sich somit feststellen, dass zu einer geglückten Kommunikation u.a. das „Aufeinander-Abgestimmt-Sein" gehört, Beide Kommunikationspartner achten auf den Rhythmus des anderen und gewähren ihm den nötigen Freiraum. Zudem wird das „gegenseitige Spiel" durch neue Elemente bereichert und erweitert.

Auf einen wichtigen Aspekt, der ebenfalls elementar zu einer guten und abgestimmten Kommunikation gehört, möchte ich jetzt näher eingehen, da dieser bisher noch nicht zur Sprache gekommen ist. Insbesondere der schon einmal erwähnte Autor, Martin Dornes, hebt diesen Aspekt hervor. Er macht darauf aufmerksam, dass neben der eigentlichen Kommunikation und dem gegenseitigen Austausch zweier oder mehrerer Menschen, der Mensch als einziges Lebewesen, neben dem Empfindungs- und Wissensaustausch auch die Anerkennung und Achtung des jeweiligen Gegenübers existentiell braucht. In dem „Sich-Gegenseitige-Beflügeln" sind schon „erste kleine Ansätze" der Anerkennung enthalten. Indem beide Kommunikationspartner aufeinander achten und mitschwingen, bestätigen sie ihr Gegenüber in einer gewissen Weise. Jedoch ist diese Art der Bestätigung, laut Aussage von M. Dornes, innerhalb des Kontaktes zweier oder mehrerer Menschen noch nicht ausreichend, um zu einem Wohlgefühl und einer inneren Zufriedenheit zu gelangen.

Damit diese innere Zufriedenheit im zwischenmenschlichen Austausch gelingen kann, erwarten wir, beginnend im Säuglingsalter, ein Leben lang, als „Sahnehäubchen der Kommunikation", die Anerkennung unseres Gegenüber.
„Der Säugling will nämlich im Spiel nicht nur seinen Spaß haben und sucht nicht nur interessante Reizereignisse, sondern er will, dass seine Mutter seinen Spaß sieht und diesen Zustand/ Affekt (Gefühl) erkennt und anerkennt. ***Das klingt trivial, ist aber von enormer anthropologischer Bedeutung … Er will nicht einfach nur spielen und mit der Mutter kommunizieren, sondern er will, dass sie sein Spielbedürfnis sieht und sagt: „ Ja, ich sehe, dass du spielen und dich mit mir unterhalten willst, und ich begrüße die Art und Weise, in der du dieses Bedürfnis zum Ausdruck bringst.***" M. Dornes (1979), Die frühe Kindheit, S.138

Die Mutter stellt somit keine Ansprüche oder Vorbedingungen an ihr Kind und die gemeinsame Kommunikation. Sie akzeptiert es und nimmt es in seinem individuellen Wesen, mit allen Talenten und Schwächen sozusagen an und „spiegelt" es anerkennend in seinem Wesen.

In dieser Anerkennung des Säuglings bzw. des ganzen Menschen, mit allen seinen persönlichen Fähigkeiten, Besonderheiten und Schwächen, liegt aus meiner Sicht der Schlüssel für ein überwiegend zufriedenes, eigenes Leben und die Fähigkeit, empathisch auf andere Menschen einzugehen. Treffen wir auf Bindungspersonen, die uns anerkennend und wohlwollend begleiten (die feinfühlig auf uns eingehen) und uns darin bestärken, uns für Neues zu interessieren und es ausprobieren zu dürfen und uns auch bei Fehlern weiterhin unterstützen und Anregungen für einen erneuten Versuch geben, dann wachsen wir in einer wertschätzenden Atmosphäre auf, sind Sicher-Gebunden und können diese eigenen Erfahrungen auch an andere Menschen weitergeben.

Folgen einer Disharmonie in der Kommunikation

In seinem Buch „Jedes Kind ist hochbegabt“, schreibt der Autor „G. Hüther“, dass bereits jedes zweite Kind zum Unsicher-Vermeidenden Bindungstyp gehört. Wenn diese Zahlen stimmen sollten, dann sind fünfzig Prozent der Kinder Unsicher-Vermeidend-Gebunden. Auf die weiteren fünfzig Prozent der Kinder verteilen sich die anderen drei Bindungstypen, wie Unsicher-Ambivalent-Gebundene- , Desorganisiert-Gebundene- und Sicher-Gebundene Kinder. Da die Bindungsarten aus der Kindheit sich bis ins Erwachsenenalter fortsetzen, haben wir nur noch eine geringe Anzahl an Menschen in unserer Bevölkerung, die Sicher-Gebunden auch ihr späteres Leben als Erwachsene erleben werden.

Hieraus ergibt sich die Frage, welche Faktoren zu einer weniger geglückten Kommunikation zwischen Mutter und Kind führen, und welche Konsequenzen sich hieraus für die Entwicklung des Kindes und späteren Erwachsenen ergeben? Wie schon erwähnt, beginnen die ersten Wahrnehmungen des Kindes bereits während der Schwangerschaft im Bauch der Mutter. Da die Mutter und der Vater ebenfalls irgendwann einmal Kinder waren, und ihre Prägung in der eigenen Kindheit erfahren haben, werden diese Bindungserfahrungen der Kindeseltern, mit Beginn der Elternschaft „angetriggert“ (erinnert und aktiviert), insbesondere die der Mutter und bereits im Bauch an das Kind übermittelt.

Anhand eines Beispiels möchte ich diesen Sachverhalt näher erläutern.
In der Kindheit der Mutter hat diese z.B. Gewalterfahrungen mit dem eigenen Vater gesammelt. Sie musste miterleben, wie ihre eigene Mutter vom eigenen Vater geschlagen wurde und hat ebenfalls Ohrfeigen von ihm erhalten, wenn sie sich nicht nach seinen Vorstellungen verhalten hat. Nun erwartet sie ihr erstes Kind. Sie weiß noch gar nicht, dass es ein Junge werden wird, aber da er sich sehr lebendig im Bauch der Mutter bewegt und seine Füßchen hin und her bewegt, kann es sein, dass diese Bewegungen der Beine von der Mutter „als aggressive Tritte gegen sie“ gedeutet werden. Die Folge sind ablehnende, vermeidende Gefühle der Kindesmutter, die diese unbewusst auf ihr im Bauch heranwachsendes Kind übertragen wird.

Ebenso kann es vorkommen, dass z.B. innerhalb der zweiten Schwangerschaft die Kindesmutter, nachdem sie ein Kind z.B. durch den frühen Kindstod im achten Lebensmonat verloren hat, nun die ganze Schwangerschaft hindurch von Ängste „geplagt" wird. Auch diese ängstliche Stimmung bekommt das heranwachsende Kind im Mutterleib durch die gefühlsbedingte Ausschüttung bestimmter Hormone mit.

Es könnte ebenfalls sein, dass z.B. der Kindesvater kein drittes Kind mehr mit seiner Frau aufgrund einer bereits angespannten finanziellen Lage bekommen möchte und nun ihr „die Schuld" für die erneute Schwangerschaft zuschreibt. Er selbst ist als Kind mit zahlreichen Geschwistern aufgewachsen, und es gab Zeiten in seiner Kindheit, in denen er nicht genug zu essen hatte, und die Eltern sich ständig wegen der angespannten wirtschaftlichen Lage gestritten haben. Da er solche Erfahrungen, wie die in seiner Kindheit, nicht wieder erleben wollte, bestraft er seine Frau mit Missachtung. Er redet weniger mit ihr und behandelt sie die ganze Schwangerschaft hindurch eher „stiefmütterlich", genauso, wie er es bereits bei seinem Vater im Umgang mit der eigenen Mutter erleben musste. In dieser feindlichen Atmosphäre fühlt sich die Kindesmutter ungeliebt und entwickelt depressive Verstimmungen, die sie ebenfalls auf das sich entwickelnde Kind unbewusst überträgt.

Diese drei Beispiele sollen verdeutlichen, welchen Einfluss die Erfahrungen aus der Kindheit der Eltern für das sich entwickelnde Kind haben können. Immer dann, wenn bereits negativ geprägte Erfahrungen bei den Eltern aus der eigenen Kindheit vorliegen, wie Gewalterfahrungen, eine psychische Erkrankung eines Elternteils, vorliegende Süchte (Alkohol-, Drogen-, Tabletten-, Spiel-, Computersucht etc.), chronische Erkrankungen bei den Kindeseltern, Behinderungen, sexuelle Übergriffe, usw. können diese die Entwicklung des sich bildenden und später heranwachsenden Kindes stark beeinflussen.
Neben den Stimmungen im Mutterleib, die das heranreifende Kind im Mutterleib zu spüren bekommt, kann, wie schon einmal erwähnt, die Reifung bestimmter Organe (z.B. in der Hirnregion, bei der Ausbildung und der Verschaltung unserer neuronalen Zellen und der synaptischen Verbindungen) beeinträchtigt werden. Außerdem wird das Kind im Bindungskontakt entweder Unsicher-Vermeidend, Desorganisiert oder Unsicher-Ambivalent-Gebunden und wächst mit einer gewissen Grundverunsicherung

heran, oder es wird die Kommunikation und die Feinabstimmung in der Kommunikation zwischen dem Säugling und seinen Bindungspersonen beeinträchtigt.

Doch wie geschieht es, dass die Feinabstimmung zwischen dem Säugling und seiner Mutter in der ersten Zeit seines Lebens nicht vollständig gelingt?

1. Zu schnell oder zu langsam im Spiel des „Aufeinander-Abgestimmt-Seins"

Das Beispiel aus dem letzten Kapitel, das das „gemeinsame Spiel" zwischen dem Säugling und seiner Mutter beschreibt, spricht von dem „Mitschwingen" beider Kommunikationspartner. Ein Kommunikationspartner „setzt den ersten Schritt" bzw. den ersten Impuls, der von seinem „Mittänzer" aufgegriffen und weiterentwickelt wird. Es vergeht aber etwas Zeit, „die Botschaft" des „ersten Tänzers" muss erst entschlüsselt, verstanden, beachtet und gewürdigt werden, bevor der „zweite Tänzer" den „nächsten Schritt" machen kann.
Beide schwingen in der zeitlichen Vorgabe des jeweiligen „Mittänzers" mit und bilden die Resonanz zu ihrem Partner oder ihrer Partnerin. Da geht keine Sekunde verloren, und die „gewünschte Beantwortung des ursprünglichen Impulses" kommt auch nicht zu schnell.
Beide Tänzer oder Tänzerinnen schwingen in einem gemeinsamen Rhythmus.
Eine Disharmonie kommt jedoch dann zustande, wenn die Antwort der Bindungsperson auf den Impuls des Säuglings zu rasch, oder nur deutlich verzögert zu Stande kommt.
Dies geschieht z.B. wenn der Säugling Hunger hat, die Windel zu nass ist, oder er von den vielen Eindrücken des Tages ermüdet ist und nur noch zum Schlafen in sein Bett gelegt werden möchte und seine Bindungsperson die Bedürfnislage des Säuglings aus irgendwelchen Gründen nicht ausreichend deuten kann. Dann wird das Essen zu spät erwärmt, oder es wird der Säugling auf eine Spieldecke unter eine Schnur mit vielen farbigen Gegenständen gelegt, obwohl er eigentlich in sein Bett gehört hätte.
Das Kind gerät in solchen Situationen massiv seelisch unter Druck, und da es in den ersten Lebensmonaten kaum andere Signalmittel als sein Schreien zur Verfügung hat, wird es über dieses Signal auf seine missliche Lage hinweisen.

Ein durch diese beschriebenen Verhaltensbeispiele erzeugter Spannungszustand (innerseelischer Stress) wird im Säugling gebildet und erzeugt ein starkes Unwohlsein im Inneren.

Kleine disharmonische Zustände gehören zu unserem Leben dazu. Sie können ausgeglichen werden, indem sie erkannt und dann behoben werden.
Treten sie aber dauerhaft auf und wiederholen sich ständig, dann kann es zu Verhaltensbeeinträchtigungen kommen.

Sowohl die Missachtung und Fehlinterpretation der Signale des Säuglings, als auch ein zu schnelles, übertriebenes- bzw. ein zu verlangsamtes Verhalten der Bindungs- und Bezugspersonen führen zu kaum aushaltbaren Spannungszuständen im Inneren des Säuglings.

2. Mimik und Gestik stimmen nicht mit dem damit einhergehenden Gefühlseindruck überein

Es gibt Eltern, die Ihre Kinder ständig loben. Lob und Anerkennung und die Bestätigung unseres Wesens durch unsere Bindungspersonen spielen eine wichtige Rolle in einer wertschätzenden Erziehung.
Wird aber jede Tätigkeit des Kindes gleichermaßen gelobt und immer wieder als etwas Besonderes hervorgehoben, dann kann es zur Folge haben, dass das Kind sich und seine Fähigkeiten nicht richtig einzuschätzen vermag und auch als erwachsener Mensch ständig nach Bestätigung „giert“.

Da wir als Menschen mit unterschiedlichsten Stärken und Schwächen ausgestattet zur Welt kommen, gilt es für das heranreifende Kind, in einem gesunden Maße Rückmeldung zu bekommen, damit wir uns zunehmend selbst einschätzen lernen. Die Rückmeldungen unserer Bezugspersonen sollten möglichst authentisch erfolgen, gute Leistungen gewürdigt und beachtet werden, und wir sollten bestärkt werden, Neues zu erforschen.
Fehler gehören dabei ebenso zu den wichtigen Lebenserfahrungen, wie geglückte Erlebnisse. Fehler sollten wahrgenommen und besprochen werden, und dienen uns

als Ausgangspunkt für weitere Versuche und um uns weiterentwickeln zu können. Werden Fehler jedoch mit einem ständigen gleichbleibenden Lächeln beantwortet und nicht weiter besprochen, dann kann es im Erleben zu einem Gefühl der Gleichgültigkeit kommen, verbunden mit einem Gefühl der Hilflosigkeit und Haltlosigkeit. Auch nicht gesetzte, altersentsprechende Grenzen in der Erziehung können aggressive Gefühle freisetzen, weil durch die ausbleibende Rückmeldung und Grenzsetzung gleichzeitig der Rückhalt verloren gehen kann.
Im Kontakt mit psychisch belasteten oder erkrankten Bindungspersonen können sogenannte „double-bind" Erfahrungen zwischen dem heranreifenden Kind und seinen Eltern entstehen.

Depressive Elternteile reagieren aufgrund ihrer Erkrankung oft verzögert oder eingeschränkt in ihrer Gestik und Mimik auf den Säugling. Freude wird nur eingeschränkt ausgedrückt, oder kann gänzlich unterbleiben, so dass das Kind auf durchaus freudig einzustufende Entwicklungsmomente nur eine unzureichende Antwort erhält. „Der gemeinsame Tanz" vollzieht sich im Schneckentempo oder bleibt gar auf der Strecke. Die Gesichtsausdrücke des erkrankten Vaters oder der Mutter erstarren, und die erwünschte und gesuchte „Akzeptanz" bleibt aus. Unser Grundbedürfnis nach Anerkennung und Bestätigung bleibt unerfüllt.

Genauso kann es vorkommen, dass depressive Menschen, die um ihre Stimmungslage wissen, auf Verhaltensweisen ihres Kindes mit einem künstlich erzeugten Lächeln reagieren, obwohl ihnen gar nicht zum Lachen zumute ist. Das bedeutet, dass die Kinder, aufgrund ihrer Spiegelneuronen, die eher traurig gestimmte Gemütslage ihrer Bezugsperson fühlen, und sie bekommen aber einen nicht dazu passenden Gesichtsausdruck zu sehen. Mimik und Gestik passen nicht mit dem unterschwellig wahrnehmbaren Gefühlseindruck überein, im Inneren des Kindes werden Stresshormone freigesetzt und Ängste werden ausgelöst.

Weiße Trauer

Immer wieder weiße Trauer,
immer wieder Eis in den Gefühlen,
Das Leben hinter der Eisschicht erahnen,
und doch ist ein Durchdringen
ohne Erfolg!

Ausrutschen, Abblitzen, kein Widerhall!
Wo bist du nur Seele des Lebens,
Nebelschleier der Ohnmacht
trüben das Licht.
Enttäuschung und blankes Entsetzen,
wieder keine Antwort aus der Ferne des Lebens!

Wann nur schmilzt das Eis dahin?
Leben auf der Suche nach Sinn!

Anja Funk-Klebe

3. Die unbewusst vorhandenen Vorstellungen der Bindungspersonen werden nicht erfüllt

Fast in allen Familien gibt es die „schwarzen Schafe“, die so ganz anders sind, als es sich die Eltern vorgestellt haben.
In einem Interview berichtete Louise Jakobs, die aus der Familie der „Kaffeerösterei Jakobs“ stammt, wie sie bereits in der Schule, aufgrund ihrer Legasthenie, nicht die Leistungen erbringen konnte, die von ihren Lehrern und Eltern erwartet wurden.
Bis heute fällt sie durch ihre ganz andere Art ihres Wesens aus diesem existierenden „Familienrahmen heraus“. Ihre Andersartigkeit hatte eine schwere Magersucht zur Folge. Beinahe wäre sie an den Folgen ihrer Magersucht gestorben.
Kinder, die nicht den Vorstellungsbildern ihrer Bezugspersonen entsprechen, oder ganz andere, abweichende Interessen haben, werden oftmals mit „Liebesentzug“, wie einem depressiven Gesichtsausdruck, „abgestraft“, oder sie bekommen nicht die Anerkennung und Zuwendung, die ein anderes Geschwisterkind für entsprechende Leistungen oder Erfolge bekommen würde. Wieder haben wir es auch in diesem Falle mit einer nicht ausreichenden „Rückmeldung“ und einer nicht abgestimmten Kommunikation zwischen dem Kind und seinen Eltern zu tun.

4. Lebenskrisen und Umbrüche führen zu Verunsicherungen

Jeder Mensch wird im Laufe seines Lebens biografische Umbrüche und unterschiedlichste Lebenskrisen (Pubertät, Trennung, Tod, Krankheit, Alter usw.) erleben. Egal, ob es sich nur um eine einschneidende Veränderung, oder definitiv um eine Krise handelt, jeder Umbruch ist mit einer seelischen Verunsicherung verbunden.
Unsere bisher vorhandenen Vorstellungen und Lebensstandpunkte gaben uns die nötige Sicherheit, damit wir uns in unserem Leben wohlfühlen.
Diese werden nun in Frage gestellt und verlieren ihre Stabilität, unser Leben gerät ins „Wanken“.
Da diese Umbrüche und Krisen feste Bestandteile unseres Lebens sind, sollten sie auch als solche angesehen und gewertet werden, und es sollten die damit einhergehenden eigenen Verunsicherungen als dazugehörig betrachtet und wahrgenommen werden.

Kinder sind, aufgrund ihrer emotionalen und physischen Abhängigkeit von ihren Eltern und Bindungspersonen, daher auf eine den Lebensumständen entsprechende Zuwendung und Bestätigung dauerhaft angewiesen.
Durch Umbrüche und Krisen bedingte Unsicherheiten im Leben der Bindungspersonen bekommen auch die Kinder elementar mit. Sie spüren durch ihre Spiegelneuronen die emotionale Gestimmtheit ihres Gegenübers.
Daher sind Kinder, die mit zwei oder mehreren Bindungspersonen aufwachsen, im Vorteil, weil die Unsicherheiten der einen Bezugsperson durch eine im Haushalt lebende weitere Bindungsperson zum Teil aufgefangen werden können.
Emotional angespannter zeigt sich die seelische Lage eines Kindes, wenn es bei einem alleinerziehenden Elternteil aufwachsen muss, da sich die Bindungssicherheit lediglich aus dem Bindungskontakt zu einer Bezugsperson ergibt. Unsicherheiten im Bindungskontakt können daher sehr schnell auch beim Kind zu starken Spannungszuständen führen und seelischen Stress bedeuten. Denn die Unsicherheiten der momentanen Krisen-und Lebenssituation haben zur Folge, dass Menschen nicht mehr so feinfühlig wie zuvor auf ihre Mitmenschen reagieren können und die mitschwingende Kommunikation in Mitleidenschaft gezogen wird.

Der innere Spannungszustand (Stress) und seine Folgen (2. Aspekt)

Wie schon mehrfach erwähnt, kommt es zu massiven Spannungszuständen, wenn die Kommunikation und der gemeinsame „Seelentanz“ zwischen der Bindungsperson und dem Säugling aus den unterschiedlichsten Gründen nicht gelingen. Um jedoch die Bildung dieser Spannungszustände noch besser nachvollziehen zu können, möchte ich diese noch etwas genauer als bisher darstellen.
Erste emotionale Stimmungszustände bekommt der Säugling während der Schwangerschaft mit, die dann ihre Fortsetzung insbesondere in der frühen Kindheit finden, aber auch im Verlauf der weiteren Entwicklung immer wieder zum Thema eines Lebens werden können.

Im „Seelentanz“ der frühen Kindheit, speziell im Kontakt von Mutter und Kind, begegnen sich eine durch das Leben gereifte Persönlichkeit und ein Kind, dessen seelische Reifung sich erst im Laufe seiner ersten Lebensmonate und seiner ersten drei Lebensjahre vollzieht.

Da die seelische „Grundstruktur" das Bindungsverhalten der Kindesmutter und ihr seelisches Verhalten bezüglich des eigenen Lebens und gegenüber anderen Mitmenschen recht umfangreich vorliegen, begegnen sich im "Seelentanz" sozusagen „eine reife Seele" und eine noch in der „Bildung befindliche Seele".

Verläuft die Kommunikation zwischen der Mutter und ihrem Säugling in gesunder, feinfühliger Weise, sendet dieser (aus der Sicht des Säuglings) Signale an seine Bezugsperson, die erst einmal auf das seelische Innenleben und die Sinnesorganisation der Mutter treffen (wie bereits im Kapitel über die Sinnesorgane beschrieben).
Im Seeleninneren werden die Signale „gedeutet, verstanden und mit vorhandenen Begriffen abgeglichen".
Dann erst kommt es zu einer Reaktion der Mutter auf die Signale des Säuglings. Neben dem eigentlichen Signal, das die Kindesmutter aufnimmt und verarbeitet, z.B. dass das Baby Hunger hat, nimmt sie die Intensität des Signals wahr. Sie ist „feinfühlig" und kann genau spüren, ob ihr Kind sofort Nahrung benötigt, oder sie sich noch einen Moment Zeit lassen kann. Sie spürt die inneren Spannungszustände ihres Kindes und kann über ihre Fähigkeit der Resonanz zu ihrem Kind, situationsspezifisch reagieren.
Je nach Situation muss und wird ihr Verhalten sehr unterschiedlich ausfallen.
So kann es sein, dass sie und ihr Kind in einer entspannten Situation „den gemeinsamen Tanz", „das mitschwingende und sich gegenseitig anregende Spiel" (wurde im Vorfeld schon erwähnt) beginnen. Ein etwas „übersteigertes Verhalten" beflügelt dabei den Säugling, der freudig erregt antwortet und sich durch das Verhalten seiner Mutter angenommen und bestätigt fühlen kann.
Eine feinfühlige Mutter wird, neben der den Säugling anregenden Kommunikation, jedoch auch in der Lage sein, ihr Baby zu beruhigen. Sie wird es spüren, wann ihr Kind „genügend Anregung" erhalten hat und wird bei Erreichen der individuellen, persönlich sehr unterschiedlich ausfallenden Spannungs-Belastungs-Grenze, ein entsprechendes, den Säugling beruhigendes Verhalten zeigen. Der Spannungszu-

stand des Kindes wird ständig an den „Seelenraum“ der Mutter übermittelt, so dass diese in Abstimmung auf die Bedürfnisse des Kindes, reagieren kann.
Bei einer feinfühligen, sensiblen Mutter gelingt es dem Säugling auf diese Weise, im Zuge seiner weiteren Entwicklung, sich zunehmend selbst zu regulieren. Da seine Mutter auf seine Bedürfnisse und Signale ausgleichend eingehen kann und sich Spannungszustände nicht bis zur Unerträglichkeit steigern, lernt das heranreifende Kind ebenfalls immer eigenständiger, mit seinen Emotionen und den eintreffenden inneren und äußeren Reizen umzugehen. Durch die reife Seele der Mutter kann sich die Seele des Kindes ebenfalls gesund entfalten!
Es entwickelt sich auf diese Weise ein Mensch, der sich in seinem eigenen Leben recht zufrieden fühlen wird, der Freude daran haben wird, sich mit seinen Fähigkeiten sinnvoll einzubringen. Dieser Mensch wird auch fähig sein, sich selbst und seine Gefühle zu spüren und kann sich auch empathisch auf seine Mitmenschen einstellen. Krisen und Umbrüche im Leben wird er ebenfalls, wie jeder andere Mensch, erleben, er wird aber mit einem Gefühl des Vertrauens durch diese Krise gehen und wird spüren, dass auch wieder besser Zeiten kommen werden.

Letztendlich sind es feinste Gefühlsnuancen, die die Mutter-Kind-Interaktion beeinflussen und darüber maßgeblich entscheiden, wie der einstmals kleine Mensch in seinem weiteren Leben zurechtkommen wird.

Leider sind die Auswirkungen beträchtlich, wenn die Kindesmutter oder weitere Bezugspersonen selbst nicht ausreichend in der Lage sind, die Spannungszustände des Säuglings zu spüren und die Feinabstimmung und Feinfühligkeit nicht gelingt.

Versuchen Sie bitte einmal, sich in die Situation eines kleinen Babys hineinzuversetzen.
Sie können lediglich bisher liegen und mit Armen und Beinen strampeln, schlafen, wegschauen, hinschauen, müssen gewickelt und gefüttert werden. Um Ihren Spannungszustand auszudrücken und auf sich aufmerksam zu

machen, können Sie lediglich weinen und etwas später in ihrer Entwicklung lächeln. Nun haben Sie Hunger und beginnen zu weinen. Sie werden dann von Ihrer Bezugsperson auf den Arm genommen und sind dann eine Weile abgelenkt, schauen sich im Raum um. Doch der Hunger nimmt zu und wird immer deutlicher in Ihrem Inneren spürbar. Sie beginnen erneut zu weinen, nun heftiger, aber Ihre Bindungsperson spürt immer noch nicht, was Sie eigentlich wollen, und versucht, Sie erneut über ein farbiges Spielzeug, das sie Ihnen vor die Augen hält, abzulenken und aufzumuntern.

Sie schreien nun heftig los, weil Sie die Spannung jetzt kaum mehr aushalten können, so hungrig sind Sie mittlerweile. Weitere Minuten vergehen, in denen sie heftig weinen und schreien. Beruhigen lassen Sie sich nicht mehr!

Erst als weitere Minuten vergangen sind, entwickelt Ihre Bindungsperson plötzlich die Idee, Sie könnten hungrig sein und beginnt Ihnen daraufhin einen Brei zu kochen. Wiederum vergehen einige Minuten bis der Brei gekocht ist, Sie schreien und schreien und schreien … Erst als Sie den ersten Löffel Brei im Mund spüren – Sie verschlucken sich fast, weil Sie vor lauter Leid und Spannung stark aufgeregt sind – werden sie ruhiger und beruhigen sich allmählich. Nach dem Essen schlafen Sie vor lauter Erschöpfung sofort ein.
Frage: Was meinen Sie, passiert mit den seelischen Empfindungen eines Säuglings, bei dem solche Spannungszustände nicht nur in Ausnahmesituationen auftreten, sondern sich täglich mehrfach wiederholen?

Kinder, die in ihren Bedürfnissen nicht ausreichend wahrgenommen und „gespiegelt" werden, beginnen ihre eigenen Gefühle zu unterdrücken. Gefühle der Wut, der Verachtung, der Trauer, des Ärgers gegenüber den Bezugspersonen sind vorhanden, können aber nicht ausgelebt werden, weil die Kinder sich zu sehr in einer seelischen und physischen Abhängigkeit von ihrer Bindungspersonen befinden.
Damit Sie überhaupt in der Lage sind „seelisch zu überleben", werden die eigenen Gefühle geleugnet und verdrängt. Dadurch geht nicht nur der Zugang zu den eigenen Gefühlen zunehmend verloren, sondern auch die „Empathie-Fähigkeit", d.h. das Einfühlungsvermögen anderen Menschen gegenüber. Die Spannungszustände sind

weiter vorhanden, tauchen aber nicht mehr in „der Eigenwahrnehmung“ auf.
Die Unterdrückung der eigenen Gefühle, sowie die Leugnung der eigenen Bedürfnisse und Wünsche können weitreichende Folgen für die eigene Entwicklung haben:

1. Kenntnisse über Gegenmaßnahmen für den eigenen Ausgleich liegen nicht vor

Mit dem Verlust des Eigenempfindens verlieren wir auch das Gefühl für ausgleichende Maßnahmen.
Was muss ich bei unausgewogenen Lebensumständen unternehmen, um mich selbst wieder zu regulieren? Das, was die feinfühlige Mutter früher zur Bildung eines guten Selbstempfindes für ihr Kind getan hat über ihre „Resonanz- und Spieglungsfähigkeit“, kann der Erwachsene, der in seiner Kindheit seine eigenen Gefühle zunehmend verleugnen musste, nun nur noch schwer herstellen. Die Grundfertigkeiten zur Selbstregulierung des eigenen seelischen Gleichgewichtes stehen ihm nicht mehr zur Verfügung.

2 . Ängste und ein schnelleres Erregungspotential treten auf …

Die Unterdrückung und Leugnung der eigenen inneren Befindlichkeit lässt gleichzeitig unbewusst Ängste entstehen.
„So lernen Kinder früh, ihre Eltern nicht zu sehr mit ihren Gefühlen zu behelligen, mit Wut und Schmerz. Sie versuchen mit Ängsten und Sorgen eher allein zurechtzukommen“
G. Hüther (2012), „Jedes Kind ist hochbegabt“, S.148
Ebenfalls aus diesem Buch stammt das Zitat: „Wer nicht geliebt wurde, überlebt trotzdem. Die Frage ist nur, wie. Wie soll man später Liebe schenken, wenn man keine erfahren hat? Wenn man nicht genau weiß, was das ist und wie das geht? … Und immer stellen die Forscher „dabei fest, dass unsere frühen Erfahrungen unsere späteren Haltungen bestimmen“. S 120
Neben der seelischen Angst (zu unterscheiden von der realen Angst in Bedrohungssituationen), die unser ständiger Begleiter werden wird, sind wir auch nicht in der Lage, unsere Spannungszustände gut zu regulieren, d.h. wir geraten schneller als Sicher-Gebundene Menschen in schwierigen seelischen Momenten in einen erhöhten

Spannungszustand und haben dabei Schwierigkeiten, unsere Spannung abzubauen, weil wir keine angemessenen Strategien in unserer Kindheit hierfür erlernt haben.

3. Anpassung, sichert das Überleben

Ein weiterer, seelischer Mechanismus, der auch gleichzeitig eine Überlebensstrategie darstellt, finden wir in der Anpassung des Kindes an die unbewussten Vorstellungen unserer Bindungspersonen.
Unter Leugnung der eigenen Bedürfnisse und Gefühle erahnen wir, durch unsere Spiegelneuronen und über "unsere kindlichen, meilenweit in den Himmel hineinragenden Antennen für die Befindlichkeit unserer Bezugs-und Bindungspersonen", welches Verhalten wir zeigen müssen, damit wir uns ihre lebensnotwendige Zuwendung sichern. Dabei ist die „Klaviertastatur", die wir zu diesem Zwecke bedienen, so vielfältig, wie es Menschen auf diesem Erdball gibt.
Das Kind ist in einer geradezu genialen Weise fähig, sich ganz individuell auf die Bedürfnisse und Wünsche der jeweiligen Bezugspersonen einzustellen. „Das Lied wird so gespielt, wie es sich die Bezugsperson immer schon gewünscht und vorgestellt hat." Das "Kostüm ist maßgeschneidert", als hätte unser Schöpfer selbst Nadel und Faden in die Hand genommen." Außerdem sind Kinder äußerst wandlungsfähig. Bei einer Veränderung der Lage, sind sie fähig, ihre bisherige Strategie, den Umständen entsprechend, zu modifizieren.
Sie passen sich an. Sie sind aber noch nicht seelisch erkrankt.

... Nicht jeder Mensch bekommt seelische Schwierigkeiten ...

Je nachdem, wie stark die Persönlichkeit (ICH) des Kindes ist, gelingt es ihm mehr oder weniger gut, sich auf die familiären und gesellschaftlichen Herausforderungen einzustellen.
Es gibt Menschen, die mit einer starken Persönlichkeit (ICH) geboren werden und trotz vorhandener, ungünstiger Bedingungen seelisch gesund bleiben. Andere Persönlichkeiten dagegen sind leichter beeinflussbar, sie reagieren seelisch stark belastet und verunsichert in Umbruchs- und Krisenzeiten, trotzdem gelingt es ihnen, sich nach einer gewissen Zeit wieder seelisch zu stabilisieren und erkran-

ken ebenfalls nicht. Wenn jedoch die Bedingungen im Umfeld eines Kindes derart belastet sind, dass kaum stabilisierende Bezugspersonen für das Kind vorhanden sind, dann kann es zu seelischen Verhaltensauffälligkeiten oder gar einer seelischen Erkrankung in Folge kommen.

Ein Kind muss sich den unbewusst geforderten Vorstellungen seiner Bindungspersonen unterordnen und anpassen, bei gleichzeitiger Verleugnung der eigenen Bedürfnisse und Gefühle, um sein seelisches Überleben dadurch zu sichern.

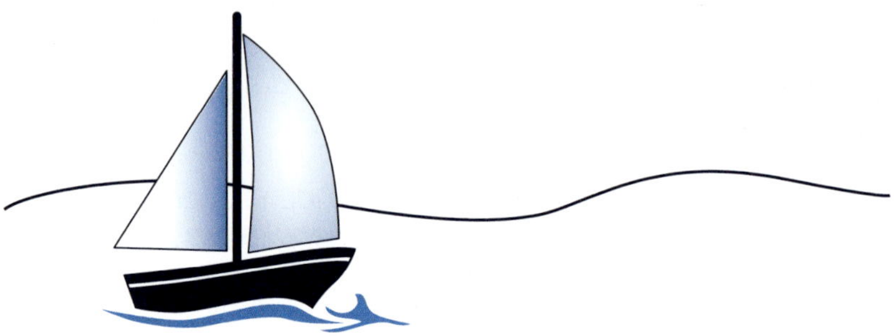

Lebensrhythmen und ihre Bedeutung

Unser Leben verläuft in Rhythmen. In uns gibt es viele unterschiedliche Rhythmen (Organrhythmen, den Atem-Pulsrhythmus, usw.). Ebenfalls gibt es Rhythmen in unserem Umfeld, wie z.B. den Tag-Nachtrhythmus, den Mondrhythmus, die Rhythmen der Woche und der Jahreszeiten, usw.), in die wir zusätzlich als Menschen eingebettet sind.

Als Kind hatte ich früher die kindliche Vorstellung, dass sich unser Leben in einer stetig nach oben steigenden Linie vollziehen würde, wie eine Linie, die ein steil nach oben verlaufendes Leistungswachstum darstellt. Natürlich wissen Sie, genauso wie ich auch, dass es sich hierbei um eine völlig falsche Vorstellung handelt. Unser Leben verläuft nicht nur in steil ansteigenden, linearen Linien nach oben, gemäß dem Motto, „immer weiter, immer höher, immer besser, immer mehr....“ (könnte ein Werbeslogan sein!), sondern es vollzieht sich, in der Realität, in „Wellenlinien“.

„Die Welle des Wassers“ ist für mich ein schönes Synonym für den Lebensverlauf des Menschen

Wer schon einmal dem Wasser und seiner Wellenbildung zugeschaut hat, der wird beobachtet und bemerkt haben, dass keine Welle der anderen gleicht. Die Wellen untereinander sind sich ähnlich, dabei ähnelt aber keine Welle exakt der vorangegangenen.
Genauso verhält es sich bei uns Menschen. Es gibt zwar Erlebnisse, Veranlagungen und Schicksalsmomente, die in einer gewissen Weise miteinander vergleichbar sind. Trotzdem gibt es auf dieser Welt keinen Menschen, der einem anderen Menschen haargenau gleicht!

Das Phänomen der Resonanz (dritter Aspekt)

Nun, wie entsteht überhaupt ein Rhythmus, wie bildet er sich? Dazu schreibt Otto Wolff in dem Buch: „Das Bild des Menschen als Grundlage der Heilkunst“ (1993), S. 123.

„Wenn Luft über Wasser streift, entstehen Wellen, die alle Kriterien eines Rhythmus zeigen: Jede Welle ist der anderen außerordentlich ähnlich, aber niemals gleich. Das gleiche Phänomen tritt auf, wenn Wasser über Sand strömt. Auch dieser wird rhythmisch angeordnet … Der Bogen, der die Saite streicht, erzeugt Schwingungen, desgleichen der Atemstrom, der eine Luftsäule in der Flöte zum Schwingen bringt“.

In der gerade erwähnten Textstelle, „der Luft, die das Wasser streift“ hatte ich die Assoziation, das heißt, eine Szene vor Augen, ... wo, gerade, … eine Mutter mit ihrer Hand sanft und liebevoll die Wangen ihres Kindes streichelt und dadurch beim Kind ein seelisches Wohlempfinden auslöst … Ebenfalls hat mich dieses „Naturschauspiel“ aus dem Zitat, an den im vorigen Kapitel beschriebenen „Seelentanz“ in der Kommunikation zwischen dem Kind und seinen Bezugspersonen erinnert. Die Mutter, der Vater, die Oma usw. begegnen dem Blick des Kindes, deuten seine Signale und beginnen, sich von diesen „in Schwingung versetzen zu lassen“.
„Die Saite der Mutter“ beginnt mit dem Schwingen und setzt dabei fast gleichzeitig „die Saite des Kindes“ in Bewegung.

Diese Resonanz, die soviel wie „Mittönen“ bedeutet, bildet, neben dem „Antworten der Bindungsperson auf die Signale und Spannungszustände“ des Kindes, ein weiteres wichtiges Kriterium für eine sichere, gelungene Kommunikation. Ebenso wie wir von den Menschen unseres Vertrauens anerkannt und bestätigt werden wollen, so haben wir außerdem eine Grundveranlagung zur Erkennung rhythmischer Vorgänge in uns und ein damit einhergehendes Bedürfnis, dass unser Leben in der Kindheit von unseren Bezugspersonen rhythmisch ausgerichtet wird.

Warum ist es so wichtig, dass wir in unserer frühen Entwicklung und im Kontakt zu unseren Bezugspersonen eine rhythmische Ausrichtung erleben?

Die Autorin Eva Rass schreibt in ihrem Buch „Bindung und Sicherheit im Lebenslauf" „Die Basiskompetenz der Rhythmuserkennung ... scheint eine Grundlagenfähigkeit darzustellen. Die meisten Abläufe im Leben stehen damit im Zusammenhang. Einen Rhythmus zu erkennen ermöglicht, ihn biochemisch und neurophysiologisch nachzuempfinden, was notwendig ist, um sich mit den eintreffenden Reizen zu synchronisieren. Jedes menschliche Zusammensein erfordert dieses Mitschwingen, sei es in der Bewegung, in der Sprache oder im Miteinander handeln." S. 47
Sie schreibt weiter: „Das Wissen, wie stark Rhythmik die Entwicklung beeinflusst und auch fördert, scheint in allen Kulturen im Umgang mit Säuglingen und Kleinkindern implizit vorhanden zu sein. Das Kind wird zur Beruhigung auf den Armen oder in der Wiege geschaukelt, die ihm vorgesungenen Lieder bestehen aus einfachen, sich wiederholenden Rhythmen und Reimen ..." S. 48

Die Annahme einer Basiskompetenz der Rhythmuserkennung, wie sie Eva Rass beschreibt, wird durch eine Pressemeldung vom 15.07.2009, der Universität Witten/Herdecke, bestätigt und zugleich untermauert.
„Schwangere berichten häufig, dass sie eine besondere Beziehung zu ihren ungeborenen Kindern verspüren. Der Grund für diese Verbindung könnte zum Teil die Synchronisation des Herzschlags sein. Der Gleichklang wird maßgeblich vom Atemrhythmus der Mutter beeinflusst. Dies berichtet das Forscherteam rund um Peter van Leeuwen, Leiter der Abteilung Biomagnetismus am Lehrstuhl für Radiologie und Mikrotherapie der Universität Witten/Herdecke, in der Online-Ausgabe des Magazins „Proceedings of the National Academy of Siences (PNAS)".

„Die Ergebnisse der Studie weisen daraufhin, dass der Fötus in der Lage ist, den Herzschlag seiner Mutter wahrzunehmen und seinen Herzschlag daran anzupassen. Zum ersten Mal ist es gelungen, in einem so frühen Stadium das enge körperliche, möglicherweise emotionale Zusammenspiel zwischen Mutter und Kind bereits im Mutterleib zu dokumentieren", so Lehrstuhlinhaber Dietrich Grönemeyer.

Also: Genauso wie die Erkennung unseres Grundbedürfnisses nach „Spiegelung", sowie die Achtung unserer Gefühle und unserer Spannungszustände durch unsere Bezugspersonen die Voraussetzung für ein zufriedenes weiteres Leben darstellen, so verhält es sich mit der Erkennung unserer individuellen Rhythmen.

Unsere Mitmenschen und unmittelbar mit uns in Verbindung stehenden Bindungspersonen müssen sich in unsere jeweiligen, individuell vorhandenen, rhythmischen Bedürfnisse hineinversetzen können, um angemessen auf diese eingehen zu können.

Neben unseren sechs Basisemotionen, dem Grundbedürfnis, von unseren Bezugspersonen geachtet, „gespiegelt" und in unserem ganzen Wesen (unseren Stärken und Schwächen) „erkannt" und bestätigt zu werden, „gesellt" sich nun eine weitere Grundlagenfähigkeit hinzu, die der Rhythmuserkennung.
Sie kann jedoch nur dann zur vollen „Entfaltung" kommen, wenn wir auf eine empathische, bzw. sichere Bezugsperson treffen.
Der stimmige „Seelentanz" bildet auch in der Rhythmuserkennung die Grundlage, damit wir uns möglichst stimmig auf Rhythmen, und bei auftretenden Disharmonien, ausgleichend, auf diese einstellen zu können.

Um überhaupt einen Eindruck zu erhalten, wie elementar wir mit unserem Leben in Rhythmen eingebunden sind, und wie sehr diese auch untereinander und miteinander korrespondieren, werde ich nun den Verlauf einzelner Rhythmen darstellen. Außerdem möchte ich deutlich machen, wie sehr Menschen, neben den inneren Rhythmen, auch gleichzeitig von äußeren Rhythmen umgeben sind. Sowohl die inneren Rhythmen untereinander schwingen miteinander, als auch die äußeren Rhythmen.
Zudem bewegen sich innere und äußere Rhythmen miteinander, sie treten in „Resonanz" zueinander und sie können sich auch gegenseitig beeinflussen.

Das Leben verläuft in unterschiedlichen Rhythmen

Um überhaupt zu einer groben Strukturierung, und damit einhergehend, zu einer besseren Orientierung zu gelangen, werde ich die Rhythmen, zuerst einmal, in drei

größere Gruppen einteilen.
Wie schon einmal erwähnt, gibt es keinen Rhythmus, der einem anderen identisch ist. Dennoch gibt es Übereinstimmungsmerkmale: Rhythmen bewegen sich ganz unterschiedlich schnell, sie lassen sich hinsichtlich ihrer Dauer des Schwingens, in drei unterschiedliche Gruppen, untergliedern:

Erste Gruppe der Rhythmen: Hierbei handelt es sich um ***kurzwellige Rhythmen.*** „Kurzwellige Rhythmen haben eine Periodendauer von Millisekunden bis Sekunden. Sie betreffen einzelne Zellen, und Gewebe (z.B. Nervengewebe, Flimmerhärchen). Die Wellen der elektrischen Aktivität des Gehirns, die Erholung der Zellmembranen und ihre elektrische Wiederaufladung gehören in den Bereich der kurzwelligen Rhythmen." Frank Meyer (2008), „Besser Leben durch Selbstregulation", S.114

Zweite Gruppe der Rhythmen: ***Mittelwellige Rhythmen*** sind unter anderem Rhythmen, die Minutenverläufe haben, oder auch in unterschiedlichen Stundenintervallen schwingen. Zu dieser Gruppe der Rhythmen gehören u.a. die Organrhythmen. Jedes Organ hat seinen eigenen Rhythmus, und es gibt unterschiedliche Hoch-und Tiefpunkte innerhalb eines jeweiligen Organ-Rhythmus.

Dritte Gruppe der Rhythmen: ***Langwellige Rhythmen*** schwingen in längeren Zeitabschnitten. Sie dauern recht lange, verlaufen in Tagen oder gar über eine oder mehrere Wochen, bzw. sie können auch über ein Jahr lang anhalten.
Wir finden diese dritte Gruppe der Rhythmen hauptsächlich innerhalb unseres Leibes, bei den Stoffwechselvorgängen. Noch einmal zitiere ich aus dem Buch von Frank Meyer: „Spannung und Beweglichkeit der Darmmuskulatur unterliegen beispielsweise langwelligen Rhythmen." S.115

In der weiteren Darstellung der Rhythmen werde ich nun ***das unterschiedliche „Zusammenspiel der Rhythmen" beleuchten:***

Dabei möchte ich noch einmal deutlich machen, dass es sich auch bei der Resonanz der Rhythmen untereinander und miteinander, erneut, um „einen gemeinsamen Tanz" handelt. Es gibt sozusagen keinen Rhythmus, der alleine, herausgenommen aus dem Gesamtzusammenhang, schwingt. Sie alle „schwingen" miteinander, wie von Geisterhand" geführt und bewegt.

1. Ein Beispiel für zwei ***innere Rhythmen***, die in uns schwingen und miteinander in Verbindung stehen, ist der „Atem-Puls-Rhythmus":
Innerhalb einer Minute (mittelwelliger Rhythmus) atmen wir Menschen durchschnittlich 18-mal und unser Puls schwingt 72-mal.
Hieraus ergibt sich ein Verhältnis von 1:4.

2. Zwei Rhythmen, die mehr ***im äußeren Umfeld*** wirken und miteinander korrespondieren: Es ist der „Fortpflanzungsrhythmus vieler niederer Tiere", der in Verbindung mit dem Mondrhythmus (langwelliger Rhythmus) steht. Parallel zu den Mondphasen kommt es zur Befruchtung, Reifung und dem anschließenden Schlüpfen der Tiere. Auch der weibliche Zyklus der Frau lässt einen Zusammenhang zum Mondrhythmus erkennen. Allerding hat sich dieser Rhythmus „verselbständigt". Er findet nicht parallel zu den Mondphasen statt, hat aber noch in etwa die Dauer des Mondzyklus.

3 . Ein Beispiel, bei dem ein innerer Rhythmus im Menschen mit einem äußeren Rhythmus zusammen in Resonanz tritt, finden wir im „Tag-Nacht-Rhythmus" und in unserem „Schlaf-Wach-Rhythmus" (langwelliger Rhythmus).
Unsere biologischen „Funktionsweisen", „das Wirken der Organrhythmen", die Nahrungsaufnahme, unser sogenannter Biorhythmus und auch das eigene seelische Erleben, sowie unsere Hormonausschüttung, stehen mit dem „Schlaf-Wach-Rhythmus" in Verbindung.

Solange wir leben unterliegen unsere gesamten biologischen, medizinischen und teilweise auch seelischen Prozesse verschieden verlaufenden Rhythmen, die miteinander auf unterschiedlichste Weise korrespondieren und in Verbindung stehen.

Ein weiterer wichtiger Aspekt, der nun in den Vordergrund der weiteren Betrachtungen rücken wird, ist die Wirkweise bestimmter Rhythmen auf unser seelisches Empfinden.
Jeder wird es schon einmal selbst erlebt haben, dass gegen 13.30 Uhr unser

Interesse und unsere Wachheit abnehmen. Biorhythmisch betrachtet haben wir zu dieser Zeit die höchste Stoffwechseltätigkeit in unserem Inneren. Zugleich fühlen wir uns müde und seelisch geschwächt.
Ebenso verändert sich unser seelisches Erleben mit dem Verlauf der Jahreszeiten. Z.B. in der dunklen Jahreszeit, mit wenig Sonnenlicht in unserem Umfeld, sind die Stoffwechselprozesse verlangsamt, wir wiegen mehr, es wird verstärkt das Hormon Melatonin (schwächt die Produktion von Endorphinen, sog. Glückshormonen) ausgeschüttet. Wir fühlen uns angreifbarer, müde und erkranken schneller an grippalen Infekten.
Sobald dann die Sonne hervorkommt, „atmet die Seele auf“, wir werden beweglicher, unternehmen mehr und sind auch besser gestimmt. Somit ergibt sich ein Zusammenhang zwischen dem Zusammenspiel der unterschiedlichen Rhythmen und unserem seelischen Erleben.

Der „Siebener-Rhythmus“ in unserer Biografie

Ein weiterer, wichtiger Rhythmus im Leben der Menschen, ist der „Siebener-Rhythmus“.
Er spielt innerhalb unserer Biografie eine wichtige Rolle. Über die Beschäftigung mit diesem Rhythmus, erhalten wir ein besseres Verständnis für unser seelisches Empfinden. Jede Lebensphase unterscheidet sich von den anderen Lebensabschnitten, durch das jeweilige Lebensthema und die damit verbundenen Lebensfragen und Lebensaufgaben.
Neben dem „Siebener-Rhythmus“ in unserer Biografie gibt es weitere „Siebener-Rhythmen“, z.B in der „Gestalt“ des Wochen-Rhythmus oder beim Austausch unserer Zellen, die sich alle sieben Jahre einmal komplett erneuern, oder z.B. im chronischen Verlauf einer Asthma-Bronchialen-Erkrankung, bei der sich oftmals nach sieben Tagen eine Verschlimmerung zeigt.
Bei „Siebener-Rhythmen“ handelt es sich deshalb um biologische Rhythmen, die ihre Auswirkungen bis hinein in unsere seelische Entwicklung haben können.
Einige Menschen können kaum glauben, dass sich eine gewisse Rhythmik auch in

der seelischen Entwicklung zeigt, und es Lebensphasen gibt, die jeder Mensch in ähnlicher Weise, mit ähnlich auftretenden Aspekten, erlebt.

Für die mehr „ungläubigen" und zweifelnden Leserinnen und Leser empfehle ich daher besonders, dass sie, bei der nun folgenden Darstellung der biografischen Rhythmen, die „Leuchttürme" nutzen sollten, um die von mir gegebenen Informationen an der eigenen Biografie zu überprüfen.

Je mehr Sie sich mit den „Aufgaben" und Fragestellungen einer Lebensphase beschäftigen werden, umso besser wird es Ihnen gelingen, sich und Ihr Leben zu verstehen! Auch Ihre Mitmenschen und die Lebenssituation Ihrer Freunde und Freundinnen werden Sie zukünftig besser einordnen können.
Daher werde ich nun im weiteren Verlauf die einzelnen Lebensphasen und die dazu gehörigen möglichen Lebensfragen beschreiben.

Lebensbogen

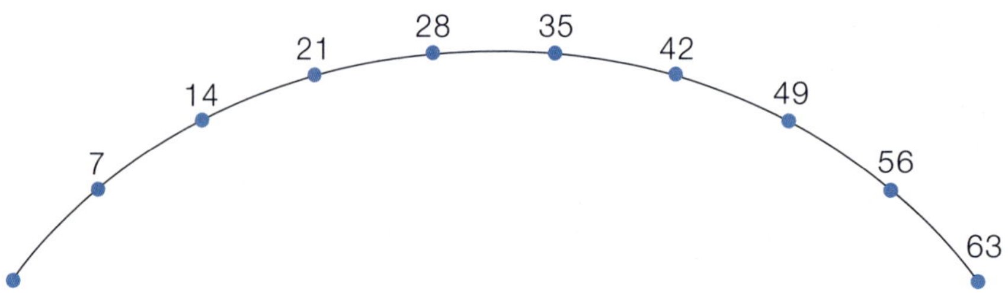

Lebensphase: Geburt bis 7 Jahre

Wie Sie jetzt schon erfahren haben, finden insbesondere in den ersten Lebensjahren die individuellen und familiären Prägungen statt. Ganz besonders rasch entwickelt sich dabei das Kleinkind im ersten Lebensjahr.
Zuerst als Säugling und Stillkind geboren, kann der kleine Mensch bereits gegen Ende des ersten Jahres sitzen und erste kleine Brotstücke in den Mund nehmen.
Besonders reizvoll und begeisternd ist es für Eltern, wenn der Säugling, um den

dritten Lebensmonat herum, zu lächeln beginnt. Später wird aus dem kurzen Lächeln ein fester Blickkontakt, den es mit vertrauten Menschen austauscht.
Zudem wird der kleine Mensch schnell beweglich. Mit neun Monaten dreht sich der Säugling von der Rückenlage in die Bauchlage.
Manche Kinder können mitunter bereits im Alter von einem Jahr stehen und beginnen bald darauf auch mit dem Laufen. Ich möchte nicht zu sehr ins Detail gehen, das würde den Rahmen dieses Buches deutlich überschreiten.

Ein besonders wichtiger Zeitpunkt ist erreicht, wenn das Kind ca. 2,5 Jahre alt ist, und zum ersten Mal zu sich selbst „ICH" sagen wird.
„Ich" kann nur jeder selbst zu sich sagen, und kein anderer Mensch kann es für einen anderen übernehmen. Damit wird deutlich, dass jeder Mensch etwas ganz Besonderes ist und nur einmal auf der Welt zu finden ist.
Mit drei Jahren entwickeln wir uns über den familiären Rahmen hinausgehend und beginnen auch mit anderen Kindern bewusst zu spielen.
Mit vier Jahren spielen die Kinder Rollenspiele und können sich in die Lage eines anderen Menschen hineinversetzen. Die Sprachentwicklung schreitet voran, und die Kinder können sich zunehmend besser verbal ausdrücken und ihre eigenen Bedürfnisse artikulieren.
Mit sieben Jahren findet diese körperliche Reife einen ersten Abschluss, indem die Milchzähne ausfallen.
Der Zeitpunkt der Einschulung beendet diese Phase (leider werden die Kinder heute mit sechs Jahren eingeschult), so dass der Entwicklungsprozess dieses Lebensabschnittes zu diesem Zeitpunkt noch nicht vollständig beendet ist.

In diesen sieben Jahren lernen die Kinder viel über die „Nachahmung". Die Kinder wollen die gleiche Tätigkeit, wie die Erwachsenen ausüben, und erproben dadurch ihre eigenen Fähigkeiten. Bügelt die Mutter oder der Vater, sollte das Kind ebenfalls ein eigenes Bügelbrett und ein kleines Spielbügeleisen bekommen. Die Investition wird sich auf alle Fälle später auszahlen, weil die Kinder mit zunehmendem Alter ihre Blusen und Hemden dann alleine bügeln können.

Versetztten Sie sich gedanklich in Ihre Kindheit zurück!
An welches Erlebnis erinnern Sie sich bewusst, und wie alt waren Sie zu diesem Zeitpunkt?
Womit haben Sie in Ihrer Kindheit gespielt?
Hatten Sie ein Kuscheltier, wie hieß es und was war es für ein Tier?
Von welcher Person haben Sie dieses bekommen?
Welche Freunde hatten Sie in ihrer frühen Kindheit?
Waren Sie im Kindergarten?
Welche Erinnerungen sind Ihnen aus dieser Zeit im Kindergarten geblieben?

Lebensphase: 7 bis 14 Jahre

Mit sieben Jahren sind alle Kinder in der Schule. Natürlich geht das seelische, geistige und körperliche Wachstum weiter. Es kommt aber etwas ganz Neues in dieser Lebensphase hinzu.

In den ersten sieben Jahren hat das Kind überwiegend über die Nachahmung der Tätigkeiten, die Erwachsene im Umfeld des Kindes ausgeübt haben, gelernt. Jetzt stehen dem Kind, nach dem beginnenden Zahnwechsel, zunehmend eigene Gedankenkräfte zur Verfügung. Mit Hilfe dieser intellektuellen Fähigkeiten kann sich das Kind die schulischen Lerninhalte aneignen. Zahlen, Buchstaben, fremde Sprachen und weitere Lerninhalte werden überwiegend über den Verstand und die kognitiven Fähigkeiten erlernt. Zur Unterstützung dienen aber auch körperliche und seelische Funktionen unseres Leibes. Zum Beispiel lässt sich das „Einmaleins" viel besser lernen, wenn die Kinder die Reihen nicht nur auswendig lernen, sondern sie auch parallel dazu mit ihren Händen klatschen. Ebenso lernen Kinder Buchstaben besser kennen und behalten diese auch in ihrem Gedächtnis, wenn der einzelne Buchstabe über ein Bild eingeführt wird.

Der Buchstabe wird sozusagen aus dem Bild heraus entwickelt.
Körper, Seele und Geist als Einheit zu begreifen und den Menschen als ganzheitliches Wesen zu verstehen, diese Sichtweise liegt unter anderem der „Waldorfpädagogik"

zu Grunde. Wir lernen Inhalte besser und verinnerlichen sie tiefer, wenn sie umfassend verstanden und ***begriffen*** werden. Daher ist es immer wichtig, neue Inhalte über vielfältige Sinneswahrnehmungen zu erlernen!

Zwischen dem achten und neunten Lebensjahr gibt es dann eine ***erste seelische Krise*** in der Entwicklung des Kindes, den sogenannten „Rubikon" (Grenzfluss). Erstmalig begreift ein junger Mensch in diesem Alter, dass das Leben endlich ist und der Tod zum irdischen Leben dazu gehört. Sterben Tiere oder nahe Angehörige, sind die Trauerreaktionen heftiger und existentieller, als in der Zeit vor dem „Rubikon".
Mit 12 Jahren beginnt die Vorpubertät. Die Gedanken-, bzw. die intellektuellen Kräfte reifen weiter heran. Erstmalig können die Kinder nun räumliche Dimensionen erfassen.

Zeichnungen aus der Fläche heraus können nun räumlich dargestellt und verstanden werden. Den Abschluss dieses „Jahrsiebts" bildet das vierzehnte Lebensjahr.
Mit 13/14 Jahren befinden sich die meisten Heranreifenden mitten in der Pubertät.
Mit 14 Jahren werden die Jugendlichen in ihrer Leiblichkeit kräftiger und schwerer. Sie grenzen sich nun zunehmend von ihrem familiären Umfeld ab, die Zimmertüren werden geschlossen und die gleichaltrigen Freunde und Freundinnen gewinnen an Bedeutung.

Was haben Sie mit acht oder neun Jahren erlebt?
Können Sie sich an diese „erste seelische Krise" erinnern?
Gab es erste Begegnungen mit dem Thema „Tod", wer ist gestorben und was haben sie dabei gefühlt?
Wie waren Ihre Erlebnisse im Alter von 12 Jahren?
Wann setzte bei Ihnen die Pubertät ein, gab es wichtige Freunde in dieser Zeit?
Wie war das Verhältnis zu Ihren Eltern oder Bezugspersonen?

Lebensphase: 14 bis 21 Jahre

In der Pubertät steht das Thema Abgrenzung im Vordergrund. Die Meinung der Eltern wird häufig abgelehnt, die Jugendlichen begeben sich nun auf die Suche nach der eigenen Identität. Wie schon erwähnt, tauschen sich die Jugendlichen gern mit Gleichaltrigen aus. Erste intime Freundschaften bilden sich.
Ebenso werden Grenzen gesucht und auch überschritten, z.B. in sportlicher Hinsicht, aber auch im Hinblick auf den Konsum von berauschenden Mitteln.
Die Schule wird in dieser Zeit abgeschlossen, und es geht um die weitere berufliche Orientierung. Welchen Beruf, welche Ausbildung, welches Studium will ich ergreifen? Folge ich den Vorschlägen meiner Eltern, oder darf ich meinen beruflichen Weg eigenständig wählen.

Mit achtzehn Jahren werden wir volljährig, wir werden unabhängiger, bewegen uns zunehmend von Zuhause weg. Ausdruck dieser Wegbewegung vom häuslichen Umfeld ist u. a. der Erwerb und die Nutzung des Führerscheins. Religiöse-, psychologische-, politische oder Umweltfragen treten vermehrt auf. Worin liegt der Sinn des Lebens, für wen und was will ich mich einsetzen?

Gab es Konflikte zwischen Ihnen und Ihren Eltern?
Wann waren Sie das erste Mal so richtig verliebt?
Gab es Bereiche, in denen Sie Grenzen überschritten haben?
Haben Sie Ihren Berufsweg frei wählen dürfen, oder gab es familiäre Vorgaben?
Gab es grundsätzliche Fragen zum Leben?
Welche Themen haben Sie in dieser Phase interessiert, und haben Sie sich in einer Organisation oder Partei oder Gemeinde mit Ihren Fähigkeiten eingebracht?

Lebensphase: 21 bis 28 Jahre

Viele Menschen schließen in dieser Phase ihre berufliche Ausbildung oder Ihr Studium ab. Dennoch ist die Selbstfindungsphase in dieser Zeit meistens noch nicht ganz beendet.
Nach einem Studium steht die Suche nach einem Arbeitsplatz im Vordergrund.
Einige Erwachsene beginnen eventuell nach einer Ausbildung noch zusätzlich ein Studium, oder sind dabei, dieses zu beenden.
Manche Paare beginnen nun mit der Familienbildung, nachdem sie sich an eine/en Partnerin/er fest gebunden haben. Freunde werden häufig über gemeinsame Interessen gefunden.

Wie sah Ihr beruflicher Werdegang aus?
Haben Sie Ihren beruflichen Weg rasch gefunden, oder haben Sie erst verschiedene Ausbildungsrichtungen ausprobiert?
Haben Sie einen festen Partner oder eine Partnerin gefunden?
Gehören Sie zu den Menschen, die sich rasch gebunden haben oder lieber alleine geblieben sind?
Sind Sie zufrieden mit Ihrer Berufswahl, oder wollten Sie ursprünglich einen anderen Beruf ergreifen?
Wie gestalten Sie Ihre Freizeit?
Haben Sie echte und gute Freunde gefunden?

Lebensphase: 28 bis 35 Jahre

Mittlerweile haben die meisten Menschen einen „festen Rahmen" gefunden, in dem sie sich bewegen. Einige sind alleine geblieben und haben sich beruflich stark entwickelt.
Andere Menschen haben sich eine eigene berufliche Existenz aufgebaut.
In manchen Familien sind vielleicht weitere Kinder zur Welt gekommen.
In allen Bereichen des Lebens haben sich die Erfahrungen konsolidiert, und das Leben verläuft insgesamt gesetzter.

Dennoch gibt es Menschen, bei denen sich zwischen dem 31. und 33. Lebensjahr eine Krise abzeichnet. Die stark enthusiastischen und idealistischen Kräfte der letzten Jahre, mit denen wir die auftretenden Lebensaufgaben leicht bewältigen konnten, ebben nämlich ganz allmählich ab.

Gab es eine Krise zwischen dem 30. und 33. Lebensjahr?
Welche Fragen traten in dieser Zeit auf?
Wie sah Ihr Alltag aus?
Gab es ein Gleichgewicht zwischen Arbeitsalltag und dem familiären Leben?
Falls Sie eigene Kinder bekommen haben, wie hat sich Ihr Leben dadurch verändert?
Haben Sie mit der Geburt der Kinder eine berufliche Auszeit genommen?
Hat sich Ihr Lebensgefühl durch die Familie und den Beruf verändert?
Worin unterscheidet sich Ihr jetziges im Vergleich zu Ihrem früheren Lebensgefühl?

Kleine Zwischenbetrachtung

Die ersten fünf „Jahrsiebte“ dienten in erster Linie dem Aufbau der leiblichen, seelischen und geistigen Fähigkeiten:

- Im ersten „Jahrsiebt“
Der Aufbau des Leibes und das kindliche Lernen erfolgen über die Nachahmung der Erwachsenen.

- Zweites „Jahrsiebt“
Es kommt zur weitere Ausgestaltung des eigenen Leibes.
Die seelische Reifung vollzieht sich weiter, indem zunehmend ein Gefühl für die Situation der Mitmenschen ausgebildet wird.
Für das Lernen werden die eigenen Gedankenkräfte eingesetzt.

- Drittes „Jahrsiebt“
Der Leib ist am Ende dieses Jahrsiebts weitestgehend fertig, die seelischen Fähigkeiten vollenden sich, die intellektuellen Kräfte werden für die Ausbildung und das beginnende Studium genutzt. Wir verlassen unsere Ursprungsfamilien.

- Viertes „Jahrsiebt“
Wir gründen einen eigenen Hausstand, eventuell eigene Familien.
Der Ausbildungsweg hat sich herauskristallisiert.
Ein Freundeskreis bildet sich über die eigenen vorhandenen Interessen.

- Fünftes „Jahrsiebt“
Wir haben unseren Platz in der Gesellschaft meistens jetzt gefunden.
Familien werden durch die Geburt weitere Kinder erweitert.
Ausbildungen und Studiengänge sind beendet worden.

Es handelt sich hierbei selbstverständlich um einen groben Überblick und den„Idealverlauf“ einer Biografie!

Jeder Mensch durchläuft diese unterschiedlichen Lebensabschnitte und es wird dabei Parallelen zum Leben anderer Menschen geben.

Alle fünf Jahrsiebte dienten dem Aufbau unterschiedlichster Bereiche:
Der Leib, die Seele, der Geist haben sich entwickelt.
Die Berufsfindung, die Familienbildung und die Bildung freundschaftliche Kontakte, standen dabei im Vordergrund der Entwicklung.

Die Gemeinsamkeit dieser fünf „Aufbau-Jahrsiebte“ liegt in einer gewissen „Leichtigkeit“, mit der wir diese durchlaufen haben.

Aus der eigenen Erinnerung weiß ich, dass die Jahre sehr schnell verlaufen sind, ich im Aufbau meiner beruflichen Existenz viel erreicht habe und dabei kaum eine körperliche und seelische Erschöpfung gespürt habe.

In der „zweiten Hälfte“ unseres Lebens (ich gehe von einem erdachten Lebenslauf von

70 Lebensjahren aus), wird sich dieses Lebensgefühl nun einschneidend verändern!

Lebensphase: 35 bis 42 Jahre

In den fünf „Jahrsiebten“ wurde unser gesamter Leib (Körper, Seele, Geist) entwickelt und die Strukturen unseres Lebensumfeldes (Beruf, soziale Kontakte, Familie) aufgebaut.
Mit dem 35. Geburtstag treten wir in eine völlig neue Lebenshälfte ein, weil wir körperlich betrachtet, die Aufbauphase nun bereits abgeschlossen haben.
Nach dem 35. Geburtstag beginnt ganz allmählich der körperliche Abbau.

Einen Ausdruck dieses Abbaus finden wir z.B. beim Sehen. Viele Menschen benötigen ab dem Alter von 40 Jahren eine Brille, weil die Elastizität der Linse abnimmt und es zur sog. „Alterssichtigkeit“ kommt. Sportler merken, dass die Leistungsfähigkeit nachlässt.
Die Haut wird insgesamt schlaffer, etc.
Dies alles sind Zeichen eines beginnenden körperlichen Abbaus, der uns zunehmend darauf aufmerksam macht, dass das Leben begrenzt ist und wir irgendwann sterben werden. Das Erleben der Endlichkeit kann in unserem Inneren ein Gefühl der Leere entstehen lassen.

Der langsam einsetzende körperliche Abbau schafft aber auch „einen Raum für Neues“. Uns stehen zunehmend nun die Kräfte zur Verfügung, die wir früher für den gesamten körperlichen Aufbau benötigt haben. Sie werden nach und nach frei und können jetzt einem anderen Zweck zugeführt werden.
Sie können für den Aufbau unserer inneren Qualitäten genutzt werden.
Neue Ziele für die zweite Lebenshälfte sollten jetzt gefunden und formuliert werden.
Eigenen Stärken und Begrenzungen sollten erkannt werden und „gewinnbringend“ an andere Menschen weitergegeben werden.

Haben Sie den Übergang in die zweite Lebenshälfte bewusst erlebt?
Welche Gefühle, welche Fragen haben Sie in dieser Zeit bewegt?
An welchen äußeren Merkmalen oder Gefühlsstimmungen (Körper, seelisches Empfinden etc.) haben Sie bemerkt, dass Sie älter werden und Ihre Kräfte nachlassen?

Lebensphase: 42 bis 49 Jahre

Die „Midlife-Crisis" fällt in dieses siebte „Jahrsiebt".
Die Haare werden grau, und wir können das Älterwerden nicht mehr leugnen.
Mit dem Abbau der körperlichen und muskulären Kräfte können wir die körperliche Arbeit, die wir früher erbracht haben, in dieser Qualität nicht mehr erbringen.
Es gilt sich nun ganz bewusst neue Aufgabenfelder zu erschließen, in denen wir z.B. die aus der Vergangenheit erlangten Fähigkeiten an andere Menschen weiter geben können.
Wir sind jetzt in der Lage, uns einen Überblick zu verschaffen, können vermehrt Zusammenhänge erkennen und z.B. jüngeren Menschen dabei behilflich sein, einen guten Einstieg ins Berufsleben zu finden.
Wir sind im Laufe unseres Lebens meistens etwas ruhiger geworden, und haben die nötige Geduld, jungen, unerfahrenen Menschen mit Hilfestellungen zur Seite zu stehen. Durch die bisherigen Lebenserfahrungen haben Sie sich bewähren können und spezielle Fertigkeiten entwickelt, die Sie nun weitergeben können.

Wie gehen Sie mit dem Gefühl der nachlassenden körperlichen Kräfte um? Halten Sie sich regelmäßig durch ein sportliches Training fit?
Haben Sie sich für Ihre Arbeit oder Ihr Leben in der zweiten Lebenshälfte neue Ziele gesetzt?
Wie und an welchem Ort könnten Sie Ihre bisherigen Erfahrungen an andere Menschen weitergeben?

Lebensphase: 49 bis 56 Jahre

In dieser Zeit stehen Sie immer noch mitten im Berufsleben. Ihre beruflichen Erfahrungen haben sich noch weiter konsolidiert. Die Frauen durchlaufen die Zeit des Klimakteriums. Die eigenen Kinder sind nun meistens mit der Schule fertig und orientieren sich von zu Hause weg. Für die Partnerschaft müssen sich die beiden Partner neu finden und etwas Gemeinsames aufbauen, da bisher die Kinder mit ihren Bedürfnissen den Alltag stark bestimmten.
Die eigenen Ziele, sich mit seinen Erfahrungen gewinnbringend für andere Menschen einzusetzen, sollten erweitert werden! Viele Menschen in dieser Altersgruppe wenden sich aus diesem Grunde größeren Fragestellungen und Themenkomplexen zu. Sie haben sich gesellschaftlich längst positioniert und sind in der Lage, sich mit Ihren menschlichen Fähigkeiten auch für größere Ziele einzusetzen. Ziele, wie den des Umweltschutzes, für politische Verbände zu arbeiten, sich um Menschenrechte zu kümmern oder sich für humanitäre Gruppierungen zu engagieren. Das eigene „positive Wirkungsspektrum“ kann erweitert werden.

Haben Sie sich in diesem achten Jahrsiebt neuen Aufgabenfeldern zugewendet?
Welche neuen Wege sind Sie mit Ihrer/Ihrem Partnerin/Partner gegangen?
Wie gehen Sie mit der Abnahme Ihrer leiblichen Kräfte um?
Haben Sie sich mit dem eigenen Tod beschäftigt?
Gab es Menschen, die in Ihrem Umfeld gestorben sind, und was für Gedanken haben Sie sich darüber gemacht?
Haben Sie noch Vorhaben, die Sie unbedingt in Ihrem Leben noch realisieren möchten?

Lebensphase: 56 bis 63 Jahre

In diesem neunten „Jahrsiebt“ heißt es langsam Abschied vom Berufsleben zu nehmen.
Dieses wird bald enden. Eventuell muss ein Nachfolger gefunden werden. Der Übergang sollte eingeleitet und vorbereitet werden. Ihr/Ihre Nachfolger/in sollte in die beruflichen Abläufe eingearbeitet werden. Die Rückschau auf bisher Geleistetes sollte in den Vordergrund rücken. Sie ist wichtig und wird Ihnen deutlich machen, was Sie in den vielen Jahren des beruflichen „Tätig Seins“ erlebt und geleistet haben. Über den Rückblick werden Sie außerdem einen Abstand zur Vergangenheit gewinnen und Sie werden sich dadurch auf die neue Lebensphase freuen können.

Wie gehen Sie mit der Frage Ihrer Nachfolge um?
Schreiben Sie auf, wie Sie sich die Übergabe Ihrer beruflichen Tätigkeit an Ihren/Ihre Nachfolger/in vorstellen!
Haben Sie Ihre beruflichen Ziele erreicht?
Was haben Sie verändern können, wie und an welcher Stelle haben Sie sich mit Ihren Fähigkeiten einbringen können?
Gibt es noch etwas, was Sie vor Abschluss Ihrer beruflichen Tätigkeit an andere Menschen aus Ihrem Arbeitsumfeld weitergeben möchten, etwas, was Ihnen bedeutsam und wichtig erscheint?!

Lebensphase: 63 bis 70 Jahre

Hier enden meine Ausführungen (auch wenn ich mir für Sie noch viele Lebensjahre wünsche).
Es heißt Abschied zu nehmen von der beruflichen Verantwortung – die tragen nun andere Arbeitnehmer/innen! Dadurch entsteht Raum für Vorhaben, die Sie bisher in Ihrem Leben vielleicht noch nicht realisieren konnten! Zudem haben Sie jetzt Zeit, sich Ihren Alltag selbst einzurichten! Meiner Meinung nach sollten Sie sich durchaus einen neuen Tagesablauf suchen, weil ein selbstbestimmter Tages- und Wochenrhythmus Ihnen Halt und Sicherheit bieten wird!

Was werden Sie am ersten Tag nach Ihrem beruflichen Abschied machen?
Überlegen Sie sich einen möglichen Verlauf dieses Tages und tragen Sie diesen in Ihr Heft (falls vorhanden) ein!
Welche bisherigen Wünsche und Träume sind unerfüllt geblieben?
Was können Sie unternehmen, um Ihrem Wunsch noch ein Stück näher zu kommen.
Welche Schritte müssen Sie veranlassen, um ihn real werden zu lassen?

Sie haben jetzt in der zurückliegenden Darstellung der zehn „Jahrsiebte“ diese, mit ihren jeweiligen spezifischen Entwicklungsmöglichkeiten, Aufgaben und Fragestellungen, kennengelernt.
Ich hoffe, die Fragen zu den „Jahrsiebten“ konnten Sie mehr mit Ihrem eigenen Leben in Berührung bringen?!

In der bisherigen Darstellung ging es um die spezifischen Fragestellungen und die Themen jedes einzelnen Jahrsiebtabschnittes. Darüber hinaus gibt es aber weitere, wichtige Aspekte innerhalb einer Biografie, die ich nun thematisieren werde!
Die Ausführungen zu den sogenannten „Knotenpunkten“, die jetzt folgen werden, zeigen, dass es innerhalb unserer Biografie nicht nur den bereits beschriebenen „Siebener-Rhythmus“ gibt, sondern weitere Rhythmen wirksam werden.
Außerdem möchte ich auch die Bedeutung der Übergänge in einem Menschenleben hervorheben.

An dieser Stelle fällt mir ein Interview mit einem Meteorologen (Wetterkundler) ein, das ich vor kurzem im Fernsehen gesehen und gehört habe: Der Meteorologe sprach über die Faszination des Wetters und deutete daraufhin, dass insbesondere die Übergangszeiten die interessanteren Zeiten und Phasen in der Wettererfassung seien.
Nicht die „Schönwetterzeiten“, sondern die Zeiten, in denen es Stürme gäbe, eine „Kaltwetterzone von einer „Warmfront“ verdrängt werde usw.
„Dann sei die Atmosphäre in Bewegung und es passiere etwas“.
Ähnlich verhält es sich mit den Übergängen in unserem biografischen Erleben:

Übergänge und Knotenpunkte

Übergänge:

Die Beschäftigung mit diesen Übergangsmomenten halte ich für enorm wichtig, weil wir uns, in diesen Zeiten vermehrt unsicher und alleine fühlen. Wir können nicht einordnen, was gerade mit unserem Leben geschieht, weil wir zu den eigenen Gefühlen in der Regel keine entsprechenden, inneren Begriffe in der Vergangenheit bilden konnten.
Das bedeutet, dass wir es mit „fremden Gefühlen" zu tun haben, die wir in solchen Zeiten, weil wir sie nicht kennen, gern „unterdrücken" und von uns fernhalten möchten.Die Bindungsforscher sprechen vom Vermeiden der Gefühle, viele Menschen „verdrängen" diese Gefühle auch einfach, lassen sie nicht in die Ebene des Bewusstseins eintreten, indem sie sich z.B. „berauschen", oder mit anderen Dingen und Tätigkeiten, z.B. einer gesteigerten Arbeit und übermäßigen sportlichen Aktivitäten, ablenken.

Daher gehört es zu den gereiften Fähigkeiten und Stärken eines Menschen, wenn er bereit ist, sich mit den auftauchenden Gefühlen auseinanderzusetzen und er es zulassen kann, sich auch mit den eher unangenehmeren Gefühlen, in der Seele, auseinander zu setzen.

Jeder Übergang, von einem „Siebener-Jahresabschnitt" zum nächsten, bringt neue Gefühle und ein dadurch verändertes Erleben mit sich. Alte Strukturen aus den vergangenen Jahrsiebten lösen sich auf oder müssen verwandelt werden, um als neue, tragende Strukturen innerhalb des neuen Jahrsiebts zur Geltung kommen zu können.

Neben den zuvor beschriebenen Übergängen in der Biografie, gibt es außerdem die mehr punktuell verlaufende Einschnitte im eigenen Lebenslauf. Auch hierbei handelt es sich um einen wirksamen Rhythmus, den des sogenannten „Mondknotens".
Es handelt sich hierbei um einen kosmischen Rhythmus, dessen Abbild wir auch in unserem Lebenslauf wiederfinden können, und der in Verbindung mit der Wirkweise des Mondes steht.

Mondknoten:

„Es sind die großen Rhythmen des Mondes, die Wiederkehr der Mondknoten nach 18 Jahren, 7 Monaten und 9 Tagen. Dieser Rhythmus wird bestimmt durch die Position des Mondknotens zum Zeitpunkt der Geburt eines Menschen, er wiederholt sich nach rund 18,7 u. 37,2 u. 55,10 und 74,5 Jahren.“ Georg und Gisela O´Neil, Der Lebenslauf S. 274.

Dieser Mondknoten kann in unserer Biografie maßgebliche Veränderungen mit sich bringen. Der „Mondknoten“ kann einige Monate früher oder später in Erscheinung treten, er kann aber auch bis zu einem Jahr versetzt auftreten. Um Ihren Mondknoten herum sollten Sie auf alle Fälle aufmerksam bleiben und dabei Ihre Gedanken und individuellen Fragestellungen genauestens beobachten und gegebenenfalls auch schriftlich festhalten (falls Sie es mögen).

Erster Mondknoten oder Lichtblick: 18 Jahre und 7 Monate

Dieser erste Mondknoten ist Ausdruck für einen ersten, zarten Einblick in übergeordnete, kosmische Zusammenhänge.
Wie eine kleine Pflanze, die zaghaft aus der Erde herauswächst und sich den Ort anschaut, an dem sie wachsen wird, können die jungen Erwachsenen erste Zielvorstellungen für ihr weiteres Leben entwickeln.

Es tauchen erstmalig ganz grundsätzliche Überlegungen auf, die ein Motiv für den weiteren Lebensweg andeuten können. Wobei dieser erste, auftretende Mondknoten, „erster Lichtblick“, einen sehr idealistisch geprägten Charakter haben wird, und wie eine kleine Pflanze in „hellem Grün“ erscheinen wird.
In diesem Alter erscheint den jungen Menschen noch jedes Ziel und jede Vorstellung als realisierbar. Genauso, wie die kleine Pflanze, strotzen die jungen Erwachsenen vor Kraft.

Das spätere Leben wird sie vermutlich zunehmend desillusionieren, die Kraft reicht aber allemal, um den eigenen Lebensweg - zu Beginn der Berufsfindung - erst einmal selbstständig auszugestalten.

Zweiter Mondknoten oder Lichtblick: 37 Jahre und 2 Monate

Der Idealismus der Jugendjahre, um den ersten Mondknoten herum, ist aufgebraucht. Eine gewisse Routine unseres Lebens, sowohl in beruflicher, als auch in privater Hinsicht, hat sich eingestellt. Diese Routine kann uns innerlich in einer gewissen Weise lähmen, eventuell gehen bestehende Paarbeziehungen auseinander oder schwere Erkrankungen können auftreten. Es ist erneut eine Zeit des Umbruchs.
Wie schon erwähnt, beginnen in unserem Leib die abbauenden Kräfte zu wirken. Bisherige Werte, die in der Vergangenheit wirksam waren und im Leben eine Rolle gespielt haben, verlieren ihren Sinn. Ängste, Einsamkeitsgefühle und eine innere Leere können sich bemerkbar machen.
Es gilt, diese Krisenzeit zu durchleben und abzuwarten, welche neuen Ideen und Vorstellungen sich im Inneren, am Ende dieser Krise, zeigen werden.

Dritte Mondknoten oder Lichtblick: 55 Jahre und 10 Monate

Dieser Mondknoten steht am Ende des achten Jahrsiebts. Vielleicht traten bereits erste Warnsignale des schwächer werdenden Leibes auf, auf die der oder die Einzelne jedoch nicht genügend geachtet hat, häufig mit der Folge, dass der Leib mit Erschöpfung reagiert und schwere Krankheiten zu Tage treten können. Der „Tod kann mitunter an die Türe klopfen“.
Erneut scheinen wir aufgefordert zu sein, uns mit unserer Biografie auseinander zu setzen. Wer Glück hat und z.B. den Sinn hinter einer auftretenden Erkrankung erahnen kann, hat große Chancen, diese existentielle Krise zu überleben und sein Leben neu auszurichten. Es gilt, die eigenen Kräfte richtig einzuteilen und sein Leben danach auszugestalten.
Dann kann das weitere Leben in der zweiten Lebenshälfte, mit neuem Schwung fortgesetzt werden.

Vierter Mondknoten oder Lichtblick: 74 Jahre und fünf Monate

Einige unserer engsten Familienangehörigen, Freunde und Mitarbeiter leben vielleicht nicht mehr. Vor der Auseinandersetzung mit dem Tod kann in dieser Lebensphase

kaum ein Mensch mehr „fliehen". Wir begegnen ihm zunehmend „auf Schritt und Tritt". Je nachdem, wie es dem einzelnen Menschen gesundheitlich gehen sollte, haben Sie um diesen Knotenpunkt herum die Möglichkeit, Dankbarkeit für die angenehmen Momente Ihres bisherigen Lebens zu entwickeln. Vielleicht erfreuen Sie sich auch einfach an der Schönheit der Natur, Sie haben Freude am Wachstum und können gegebenenfalls eine Entsprechung zu Ihrem Leben erkennen. Eventuell haben die eigenen Kinder bereits selbst weitere Kinder bekommen und Sie können sich an der fortschreitenden Entwicklung Ihrer Enkelkinder erfreuen.
Anders als in jungen Jahren, mit Ihren eigenen Kindern, können Sie den Enkelkindern mit einem größeren, inneren Abstand begegnen. Sie tragen keine direkte Verantwortung mehr für sie und können Ihre „Lebensweisheiten" dennoch an sie weitergeben. Die bewusste Auseinandersetzung mit diesem Mondknoten ermöglicht ebenfalls eine Neuausrichtung in Ihrem Leben.

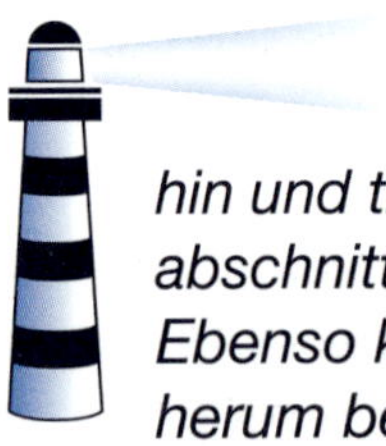

Legen Sie sich den auf S. 66 befindlichen Lebenslauf vor sich hin und tragen Sie, auf Ihr Leben bezogen, unter die jeweiligen Jahrsiebtabschnitte Ihre bisherigen Lebenserfahrungen ein!
Ebenso können Sie die Themen, die Sie um die einzelnen Mondknoten herum beschäftigt haben, in diesen Lebenslauf eintragen!
Sie können sich auf diese Weise einen Überblick über Ihr bisheriges Leben verschaffen!

Eventuell tauchen wiederkehrende, biografische Themen und Fragestellungen auf, die Ihnen einen Hinweis auf Ihr Lebensmotiv geben können. Wiederkehrende Fragen oder die stetige Wiederholung eines Musters (z.B. heiraten Frauen, die in ihrer Kindheit einen alkoholkranken Vater hatten, häufig ebenfalls einen Partner, der Probleme mit dem Alkohol hat. Gleiches gilt für Kinder, die Gewalt in ihrer Familie erfahren haben), deuten auf eine ganz bestimmte Lebensaufgabe hin.

Familiäre Muster müssen zuerst verstanden werden, und können dann, verändert oder durch positive Erfahrungen, besser in das eigene Leben integriert werden.

Übergänge und Mondknoten verursachen seelische Unsicherheiten, oftmals einhergehend mit seelischen Ängsten. Zugleich sind wir leichter irritierbar.
Doch sollten, neben den verunsichernden Aspekten, auch die positiven genannt und berücksichtigt werden:

Jeder Übergang und jede Krisensituation birgt die Möglichkeit einer Wandlung und einer Veränderung in sich! Durch die Verunsicherung verlieren wir ein wenig „den inneren Halt“ und gewinnen „Raum für Neues“. Die Seele ist verletzbarer, jedoch auch offen für neue Einflüsse. Ohne eine Krise, oder die Umwandlungsmomente in unserem Leben, wären unsere seelischen Strukturen „zu festgefahren“, so dass sich neue Eindrücke keinen „Zugang“ zu unserem Seeleninneren „verschaffen“ könnten.

Unter ganz positiven Gesichtspunkten könnten Krisen sozusagen wie ein „Spiel des Schicksals“ verstanden werden, bei dem der Mensch die Möglichkeit erhält, festgefahrene Strukturen innerhalb des Lebens um neue Gesichtspunkte zu erweitern.

Ich möchte an dieser Stelle noch einmal an das Bild des Wassers, zu Beginn des Kapitels, erinnern, Wasser und Wellenbildung, als Synonym für Lebensverläufe.
Es gibt beim Wasser keine Starre, oder Arrhythmie, alle Wellen sind in Bewegung. Jedoch gibt es aufsteigende und abfallende Bewegungstendenzen, keine Bewegung gleicht dabei der anderen. Es gibt zudem keinen Stillstand.
Auch unser Leben wird durch unterschiedliche Phasen geprägt. Gute und schlechte Zeiten wechseln sich mit weniger auffälligen ab.

Auch ein Tag in unserem Leben kann schöne, besondere, weniger schöne und schmerzhafte Erfahrungen mit sich bringen! Ich möchte mit dem Gesagten zum Ausdruck bringen, dass zu unserem Leben die ganze Fülle an Empfindungen dazu gehören. Jedes Gefühl, jeder Augenblick hat dabei seine Daseinsberechtigung und sollte, wenn möglich, anerkannt und wahrgenommen werden. Es gibt keine besseren oder schlechteren Empfindungen, alle Gefühle wollen erlebt und in unser Leben integriert werden. „Alle Farben in unserem Leben spielen ihre besondere Rolle, genauso wie die unterschiedlichsten Grautöne, die den Farben zusätzlich eine Schattierung oder Aufhellung geben".

Wir bekommen es häufig „nicht in die Wiege gelegt", uns auf die unterschiedlichsten Stimmungen und Lebensmomente wirklich einlassen zu können.
Da wir im Umgang mit schwierigen Themen gesellschaftlich „Im-Stich-Gelassen-Werden", wie z.B. bei der Verarbeitung eines Todesfalles, bei Behinderungen oder schweren Krankheiten, werden damit verbundene, unangenehme Gefühle gar nicht erst zugelassen, sondern vermieden.

Erschwert wird die Auseinandersetzung mit schwierigeren Lebensthemen zusätzlich durch die Werbung, die den Menschen suggerieren möchte, dass es ihnen immer gut ergehen wird in ihrem Leben und sie nicht altern werden.

Unser Leben wird aber gerade erst durch die Vielfältigkeit der Lebenseindrücke interessant und wird seine ganz individuelle Prägung und Ausgestaltung erst durch diese erhalten. Begegnen sich dann die Menschen untereinander und erkennen sich in ihrer Unterschiedlichkeit und Besonderheit an, dann sind sie zugleich in der Lage, sich gegenseitig in Ihrer Andersartigkeit - mit ihren jeweiligen Talenten- zu stärken. Die Stärken des Einen können einen anderen Menschen in seinen Schwächen unterstützen und umgekehrt.
Eine gute, wertschätzende und wohlwollende Haltung eines Mitmenschen kann für einen anderen Menschen - wenn dieser sich z.B. gerade in einer Krise befinden sollte, so, unterstützend wirken. Menschen sind soziale Wesen und sie brauchen einander!

Erst in der Begegnung mit einem anderen Menschen können wir „aufblühen" und unsere „ganze Farbenpracht und Blütenform zur Ausgestaltung" bringen.

Wie schon zu Beginn dieses Kapitels besprochen, hat jeder Mensch ein rhythmisches Grundempfinden, welches jedoch nur zur vollen Entfaltung kommen kann, wenn wir auf sichere Bindungspersonen in unserer frühen Kindheit treffen. Ansonsten verlieren wir, durch die Anpassungsbestrebungen an die unbewusst formulierten Vorstellungen unserer Eltern, die Anbindung an unsere Empfindungen. Es wird Ihnen dann, unter diesen erschwerten Bedingungen, in Ihrem zukünftigen Leben als Erwachsener, viel schwerer fallen, eigene Grenzen hinsichtlich Ihres eigenen Lebens zu erkennen. Aus diesem Grunde kann es zu einer gewissen Grundschwächung Ihres Lebens kommen, weil Sie vermehrt der Gefahr ausgesetzt sein werden, eigene Signale der Überforderung nicht ausreichend wahrzunehmen. In Folge kann es zu gesteigerten, inneren Spannungszuständen, bzw. zu Erschöpfungszuständen kommen, die eventuell sogar in einem „Burn-out“ (totaler Erschöpfungszustand) enden können oder in einer seelischen bzw. leiblichen Erkrankung.

Dass es einen eklatanten Zusammenhang zwischen auftretenden Erkrankungen des Menschen, bei einer gleichzeitig vorhandenen Ignoranz vorhandenen Lebensrhythmen gibt, hat ein noch recht junger Wissenschaftszweig, die „Chronobiologie“, längst nachgewiesen und beschrieben. Zu nennen sei an dieser Stelle, als Beispiel, das zunehmende Erkrankungsrisiko bei Menschen die in der Nacht durchweg arbeiten müssen und damit den „Tag-Nacht-Rhythmus“ bzw. ihren eigenen Schlaf-Wach-Rhythmus nicht beachten können.

Es wurde nachgewiesen, dass diese Menschen nicht nur häufiger erkranken, ihre Lebenszeit kann sich außerdem um einige Jahre verkürzen. Ein Nicht-Beachten der eigenen Signale kann zu einer Grenzüberschreitung führen.

„Starre und arrhythmische Zustände“

Diese Grenzüberschreitungen können in Einzelfällen von dem jeweiligen Menschen, den es betrifft, selbst ausgeglichen werden. Z.B. kann ein Jugendlicher, der die eine oder andere Nacht zu spät ins Bett gegangen ist, dieses Ungleichgewicht im eigenen Lebensrhythmus durch ein verstärktes Schlafpensum am darauffolgenden Tag aufholen und sich selbst dadurch regulieren. Genauso verhält es sich beim Überfliegen verschiedener Zeitzonen. Der entstandene „Jet-Leg“ kann in den folgenden Tagen reguliert werden, und nach 3-4 Tagen ist er nicht mehr spürbar. In dieser Weise sind wir Menschen durchaus in der Lage, ein durch verschiedene Gründe hervorgerufenes Ungleichgewicht in unserem Leben selbst zu steuern.

Bisher habe ich „kleinere Störmomente“ beschrieben, die in jeder Biografie immer wieder mal vorkommen können.

Schwieriger werden die Ausgleichbemühungen jedoch, wenn Menschen, aus den verschiedensten Gründen, über einen längeren Zeitraum den Rhythmen nicht entsprechen können und sie gewissermaßen „am eigenen Leben“ vorbei leben. Dann wird es sehr viel schwieriger, wieder in die Rhythmen hinein zu finden. Durch lang anhaltende Grenzüberschreitungen werden wir in unserem gesamten Organismus und in unserer Lebensgestaltung geschwächt. Eine Schwächung kann zugleich bedeuten, dass unser Leben immer einseitiger verlaufen wird, und die Gefahr bestehen kann, dass wir irgendwann sogar „aus dem rhythmischen Geschehen herausfallen werden“. Das Zusammenspiel der Rhythmen untereinander kann unter diesen Voraussetzungen dabei zunehmend verloren gehen, und als Folge dieser „Schieflage“ können Erkrankungen entstehen.

Es gibt zwei Möglichkeiten, bzw. zwei „Richtungen“, in die ein „rhythmisches Geschehen“ abgleiten kann. Wie bei einem Schiff, das in Schieflage geraten ist, wird es mehr in die eine oder in die andere Richtung kippen.

„Arrhythmische Zustände“

„Arrhythmische Zustände“ könnten zugleich auch als „chaotische Zustände“ beschrieben werden.

Bezogen auf die Lebenshaltung können „chaotische Zustände“ entstehen, wenn Sie u.a. Ihr Leben „nicht mehr richtig im Griff haben“. Sie haben z.B. keinen richtigen Tagesablauf mehr und stehen mal früher oder später auf. Es gibt keine regelmäßigen Mahlzeiten in Ihrem Leben. Sie haben, im Grunde genommen, Ihren „Lebensfaden“ „aus den Augen“ verloren. Sie haben keinen inneren Bezug mehr zu den Dingen, die Sie zu bewerkstelligen haben.
Sie haben Schwierigkeiten, Wichtiges von Unwichtigem zu unterscheiden. Sie

können keine klaren Entscheidungen mehr treffen. Sie „schwanken hin und her", „wie ein steuerloses Boot" in Ihrem Leben. Sie sind sich nicht mehr klar darüber, wohin „sie überhaupt in Ihrem Leben" steuern wollen, Sie sind dabei, die Orientierung zu verlieren.
Die Dinge und Menschen um Sie herum werden bedeutungslos und verschwimmen zunehmend „vor Ihrem inneren Auge".
Diese gewählten Beispiele und inneren Stimmungs-Bilder sind erdacht und frei erfunden. Jeder Mensch erlebt „arrhythmische Zustände" innerhalb seines Lebens in ähnlicher oder abgewandelter Form. Auch die Intensität dieser Stimmung, und der Grad der „Arrhythmie", können sich sehr unterscheiden.
Im Grunde genommen gibt es nicht „die typische Arrhythmie", sondern nur ganz individuell geprägte, chaotische Zustände. Daher ist die persönliche Beschäftigung der/des jeweiligen Betroffenen mit seinem Leben auch so wichtig, um direkt „am eigenen Lebensentwurf" verändernd wirken zu können.
„Miriam Meckel" (2010), „Brief an mein Leben", aus dem „Rowohlt Verlag", beschreibt auf S.19 einen chaotischen, arrhythmischen Zustand:

„Dann schaue ich auf eine Gruppe von Gegenständen, und es gelingt mir nicht, einen von ihnen in meiner Wahrnehmung hervorzuheben. Wenn ich es versuche, wachsen alle Gegenstände auf mich zu, als Gruppe, die sich nicht voneinander trennen lässt. Ich zoome dann das ganze Bild für mich heran, in mein Gehirn hinein, aber es bleibt eine optische Masse."
(Miriam Meckel hat dieses Buch während eines Klinikaufenthaltes geschrieben.
Sie litt unter einem „Burn-out")

Betrachten wir den Leib und seine möglichen Erkrankungsformen, die sich aus einer solchen chaotischen Lebenssituation und Gefühlslage ergeben können, gibt es Erkrankungen, bei denen die Ordnung ebenfalls innerhalb des Organismus aus dem „Gleichgewicht" oder aus den „Fugen" geraten ist:

Insbesondere in der Bildung von Geschwülsten (Myome, Lipome usw.), lassen sich „grenzüberschreitende" Aufbauprozesse und nicht enden wollendes Zellwachstum beobachten. Ebenso verhält es sich bei Krebserkrankungen, auch hier gerät das

Zellwachstum außer Kontrolle. Jeder Mensch trägt Krebszellen in sich, aber nicht jeder Mensch wird dadurch zwangsläufig an Krebs erkranken. Daher ist davon auszugehen, dass die Gefahr an Krebs zu erkranken, u.a. bei einer sehr einseitigen Ausrichtung des Lebens erhöht sein kann.
Häufig kann auch ein Zusammenhang zwischen einer seelischen Schwächung des betroffenen Menschen und dem Auftreten der Erkrankung festgestellt werden.
Es sollte dabei aber unbedingt berücksichtigt werden, dass die möglichen „Ursachen“ für eine Erkrankung nicht in der unmittelbaren Vergangenheit liegen werden, sondern schon sehr viel früher entstanden sein müssen. Diese Zusammenhänge sind sehr komplex und vielschichtig!

Daher sollte auch die bisherige Lebensgestaltung des/der Erkrankten analysiert werden, damit das Leben der betroffenen Menschen rhythmisch neu ausgerichtet werden kann.

Bei chaotischen Zuständen oder arrhythmischen Erkrankungen fehlen die ordnenden, rahmengebenden Kräfte, wodurch dem betroffene Organ, oder dem System, die Strukturierung und der Halt verloren gehen.

„Starre Zustände“

Bei den „starren Zuständen“, kippt „das Schiff“ diesmal in die andere Richtung und gerät in Schieflage.

Bei dieser „Form der Schieflage“, den „starren Zuständen“, verlieren die Menschen den Zugang zu ihren rhythmischen Prozessen, indem sie ihr Leben „marionettenhaft“, wie im Takt, vollziehen. Der Schwung innerhalb des Lebens geht zunehmend verloren. Die Menschen üben z.B. ihre täglichen Aufgaben immer schneller und gleichförmiger aus. Eine Aufgabe folgt der nächsten. Es gibt keine Freiräume mehr, in denen die gemachten Erlebnisse und Erfahrungen, die z.B. beim Verrichten einer Tätigkeit entstehen, verarbeitet werden können. Die Aufgaben werden, wie „am Fließband stehend“ erledigt, auch wenn sie sich in ihrer Aufgabenstellung voneinander unterscheiden, alle Tätigkeiten, werden ohne eine innere Beteiligung, erledigt.

Bei beiden Formen, den „arrhythmischen und den starren Zuständen“, werden die eigenen Empfindungen von der unmittelbaren Tätigkeit abgekoppelt. Die Wahrnehmung und Verarbeitung geschieht nicht vollständig, das Leben verläuft nur noch oberflächlich.

Die Menschen werden durch „starre Zustände“ zu Zuschauern ihres eigenen Lebens. Sie werden zur „Marionette“ und funktionieren nach vorhandenen Vorstellungen und Vorgaben.

„Starre Zustände“, gemischt mit „arrhythmischen Zuständen“

Es gibt auch Lebensverläufe, bei denen die zuvor beschriebenen Formen wechselweise anzutreffen sind. Welche Form dabei überwiegt, und in welcher Ausprägung und Intensität sie anzutreffen ist, ist wiederum, von dem betroffenen Menschen abhängig. Es gibt hier keine „allgemein gültigen Standards“, sondern einzelne Menschen, deren Leben, durch seelische und rhythmische Einseitigkeit, „aus den Fugen geraten ist“.

Rhythmen sind ein existentieller Bestandteil des Lebens.
Bei auftretenden Einseitigkeiten im eigenen Leben „fallen“ die Menschen aus den rhythmischen Prozessen zunehmend heraus.
Zuerst werden sie geschwächt.
Bei länger anhaltenden Einseitigkeiten können auch schwerwiegendere Erkrankungen auftreten.

Entspannung und Anspannung

Die Rhythmen innerhalb des eigenen Lebens zu leben, bedeutet, dass wir uns mit den auf uns zukommenden Situationen wirklich auseinandersetzen. Alle Lebenssituationen sind mit einhergehenden Gefühlen verbunden. Diese Empfindungen bilden die Grundlage, damit wir die von außen kommenden Eindrücke mit unseren inneren – bereits in der Vergangenheit gebildeten Begriffen ergänzen und erneuern können.

Alle Gefühle, wie Glück, Trauer, Schmerzen, Ohnmacht, Leere, Verzweiflung, Wut u.a. gehören zu einem Leben dazu, sie bereichern unser Leben. Es gibt schöne, beglückende Momente, schwierige Lebensphasen, Ängste, Krankheiten, traurige Tage, sonnige Wochen usw., alle gehören sie zu unserem Leben, und werden uns, in unseren Erfahrungen, bereichern.
Wie bei einer Welle im Wasser, mit aufschwingenden und abschwingenden Bewegungen.
Genauso, wie es die Lebenswelle als Ganzes gibt, gibt es auch eine „Tageswelle". Es gibt Momente, in denen die Menschen ihren Alltag aktiv erleben und sich einer Aufgabe zuwenden, und es gibt Tagesabschnitte, die daneben der Entspannung dienen sollten.
Die rhythmische Ausgestaltung eines Tages sollte möglichst ausgewogen geschehen. Als Menschen brauchen wir, um mit voller Kraft einer Aktivität nachgehen zu können, auch den Schlaf und die Ruhe, um „abschalten" zu können. Einseitigkeiten im Schlaf-Wach-Rhythmus können ebenfalls zur Schwächung eines Menschen führen und gegebenenfalls Erkrankungen nach sich ziehen.

Seelenpforte

Ich klopfe sachte,
klopfe noch einmal etwas fester,
an die Seelenpforte.

Es scheint mir,
als sei keiner zuhause,
keine Regung ist spürbar.

Bin schon dabei,
den Heimweg anzutreten,
als ein Windhauch leis´ an mir vorüber zieht.

Ich dreh mich um,
seh´ voller Staunen,
dass die Tür sich einen Spalt geöffnet hat.

Dankbar, bin ich,
für den ersten Schritt ins Leben,
Dankbar, für den Mut,
das Wagnis einzugehen.

Dabei dachte ich schon, es sei vergebens,
das leise Klopfen an der Seelenpforte!

Zu viel war einst geschehen,
zu viele Lebensschläge folgten aufeinander.
Die Luft zum Atmen wurde stetig dünner,
der Schmerz schwoll bis ins Unbeschreibbare an.

Jeder einzelne Schlag,
saß fest und tief im Seelenmark,
bis nichts mehr ging
und die Pforte der Seele ihre Türen schloss.

Draußen vor der Türe
aber ging das Leben weiter,
einfach so …

Hinter der Pforte jedoch,
gab es keine Höhen und Tiefen,
wie im Takt und ohne Regung,
lief das Leben gleichförmig vor sich hin.

Eine Rettung schien unmöglich,
doch bekanntlich
stirbt die Hoffnung erst zuletzt!

Zu weit und kaum erreichbar,
erschien das Wunder im lichten Schein.
Ein Weinen hier,
ein Lachen dort,
es ist noch ein langer Weg,
bis zum frohen Ort.

Anja Funk-Klebe

Krisen und Wandlungsmomente

Nachdem ich in den beiden letzten Kapiteln die verschiedenen Lebensphasen innerhalb eines Menschenlebens beschrieben habe, und die möglichen Folgen eines einseitig ausgerichteten Lebens erörtert habe, möchte ich, in diesem Kapitel, noch etwas konkreter auf den Verlauf einer individuellen Krise bzw. eines Trauerprozesses eingehen!

Zudem möchte ich Sie darauf aufmerksam machen, dass es auch generationsübergreifende Auswirkungen, innerhalb einer Biografie, geben kann!
Die Erlebnisse der Kriegsgeneration, bzw. Ihrer Kinder und Enkel, sind bis heute nicht ausreichend verarbeitet worden und können sich, in Form von seelischen Auffälligkeiten, depressiven Erkrankungen, Ängsten und anderen leiblichen Erkrankungen, bemerkbar machen. Ebenso, können unerledigte familiäre Konflikte vorliegen, die ebenfalls in den Schwierigkeiten und Konflikten der nachfolgenden Generationen eine Rolle spielen können.
Damit Sie sich mit diesen Fragen, im Hinblick auf Ihrer eigene Biografie, beschäftigen können, werde ich hierzu, einige Anregungen geben.

Zur Trauer

Leider ist vielen Menschen gar nicht bekannt, dass es, sowohl im Verlauf einer Trennung, als auch in der Verarbeitung von Trauer und in Krisenmomenten, unterschiedlich verlaufende Phasen gibt.
Es gibt verschiedenen Autoren, die sich mit der Verarbeitung und dem Verlauf von Krisen beschäftigt haben, u.a. auch John Bowlby, den Sie schon aus der Bindungsforschung kennen. Er hat, bezüglich der Trauerverarbeitung, vier unterschiedliche Phasen beschrieben.

Auf seine Ausführungen werde ich im weiteren Verlauf dieses Kapitels eingehen.

Zudem werde ich ein siebenstufiges Verarbeitungsmodell zu Krisen darstellen. Beide Modelle zeigen, trotz ihrer Unterschiedlichkeit, große Übereinstimmungen.

Jeder Mensch wird im Laufe seines Lebens mindestens einmal, meistens aber mehrfach mit dem Tod konfrontiert. Der Tod gehört immer noch zu den Themenkomplexen in unserer Gesellschaft, die tabuisiert, bzw. überwiegend ausgeklammert werden, vor allen Dingen, weil die Menschen beim Verlust eines geliebten Menschen sich plötzlich mit den eigenen Empfindungen und dem auftretenden Schmerz auseinandersetzen müssen und häufig das Gefühl haben, sie könnten die Kontrolle über sich selbst verlieren. Heftige Gefühle der Ohnmacht, der Leere, der Verzweiflung können auftreten und sie lassen sich meistens nur noch schwer regulieren. Die Menschen erleben sich geschwächt, sie sind angreifbarer und verwundbarer, auch Ängste oder Gefühle der Wut oder Verzweiflung können auftreten. Auch Glücksmomente, Erinnerungsbilder des/der Verstorbenen können plötzlich auftauchen. Diese Gefühle sind völlig normal und auch der Eindruck, das eigenen Leben nicht mehr „im Griff" zu haben, gehört zur Trauer dazu.

Die Trauer verändert die Menschen, und viele Menschen wissen in der oftmals plötzlich auftretenden Veränderung der Situation gar nicht, wie sie reagieren sollen. Sind Menschen im direkten Umfeld von einem Todesfall betroffen, wissen viele nicht, wie sie auf die/den Trauernden reagieren sollen. Daher werden viele Trauernde gar nicht erst auf ihre Trauer und den Verlust angesprochen, sondern werden gemieden. Dabei sind es oftmals nur die eigenen Ängste und Unsicherheiten, die sich dann, in dieser Vermeidungshaltung, zeigen.

In früheren Zeiten gab es feste Trauerrituale und das sogenannte Trauerjahr. Indem die Angehörigen schwarze Kleidung trugen, machten sie auch nach Außen deutlich, dass sie einen nahestehenden Menschen verloren haben.

Ich werde nun die vier Trauerphasen von John Bowlby näher beschreiben und hoffe, dass ich Ihnen dadurch den Zugang zur Trauer etwas erleichtern kann!
Die Trauer verändert die Sicht auf das Leben, mit dem Verlust eines Menschen wird es zwangsläufig eine Zeit davor und eine danach geben.
Die Zeit danach wird in einem anderen, veränderten Licht erscheinen.

Jede Krise, jeder Verlust verändert das Leben und öffnet den Blick für Neues. Wie schon in den Ausführungen zu den verschiedenen Bindungstypen, hat John Bowlby, in Trennungs- bzw. Verlustsituationen bei Menschen, ebenfalls, ***Übereinstimmungen, in der Art und Weise der Bewältigung dieser Verluste und Trennungen,*** festgestellt. Dabei stimmen die Phasen der Bewältigung, sowohl bei Trennungen, als auch bei Verlusten, miteinander überein.

Bei einer „gesunden Verarbeitung" von Trennungen und Verlusten, durchlaufen Sie insgesamt vier unterschiedliche Phasen, laut John Bowlbys. „Gesunde Verarbeitung" bedeutet in diesem Falle, dass Sie familiär und gesellschaftlich bei der Verarbeitung Ihrer Trauer „getragen werden", und Ihnen ein Verständnis für diesen Prozess entgegengebracht wird. In den meisten Familien, oder auch in gesellschaftlichen Institutionen, z.B. in den Schulen oder in Firmen, werden Menschen leider nicht ausreichend in ihrer Trauer begleitet.

Zu den vier Trennungs- bzw. Trauerphasen von J. Bowlby

Erste Trauerphase

Unmittelbar nachdem ein Mensch gestorben ist, fühlen Sie sich wie betäubt und können die Situation nicht realisieren. Sie wollen es in solchen Momenten nicht wahr haben, dass z.B. Ihr Angehöriger jetzt tot ist und Ihnen nie wieder antworten, oder Sie in den Arm nehmen wird. Sie wollen die Tatsache einfach nicht begreifen, weil sie so etwas Endgültiges hat. Sie fürchten sich vor Ihren Gefühlen und haben eventuell Angst, von diesen, „überrollt zu werden".
„Das ist die Phase der Betäubung", deren Dauer gewöhnlich zwischen wenigen Stunden und einer Woche liegt und durch Ausbrüche extrem starken Schmerzes und/oder extrem starker Wut unterbrochen werden kann." John Bowlby, Das Glück und die Trauer, S.107

Zweite Trauerphase

Ganz langsam beginnt der trauernde Mensch den Tod zu realisieren und ihn innerlich zu begreifen. Dennoch gibt es noch innere Zweifel, ob der oder die verstorbene Person nicht doch noch, irgendwo, plötzlich auftauchen könnte. Z.B. kann es passieren, dass Trauernde beim Einkaufen in einer Straße mit vielen Passanten den Eindruck haben, den verstorbenen Menschen plötzlich entdeckt oder erkannt zu haben. Immer wieder kann es Augenblicke geben, die Erinnerungen an den Verstorbenen in Ihnen entstehen lassen. Für Sekunden haben Sie die Hoffnung, der Tote könnte zurückkehren, und alles sei nur ein böser Traum gewesen. Zudem fühlen Sie sich ruhelos und denken fast ununterbrochen an die verstorbene Person. Durch die Erinnerungen werden die verschiedensten Gefühlsfacetten in Ihnen wachgerufen. Trauer, Verzweiflung, Wut, Ohnmacht, Angst, Einsamkeit und auch schöne Erinnerungen treten „vor Ihr inneres Auge“ und bewegen Ihr Gemüt.

Auch körperlich finden diese Gefühle ihren Ausdruck: Kälte, Hitze und eine Gänsehaut können auftreten, kalte Schauer können Ihnen über den Rücken laufen.
Sie weinen vielleicht heftig und müssen im nächsten Moment dann wieder lachen, weil Ihnen eine lustige Erinnerung „vors Auge rückt“. Sie können nicht schlafen, manchmal haben Sie keinen Appetit mehr. Sie sind aus dem inneren Gleichgewicht hinaus geworfen worden, und Sie haben Ihren Halt verloren. Sie „stehen ein wenig neben sich“!

Diese zweite Trauerphase kann mehrere Monate dauern. Manchmal brauchen Trauernde aber auch mehrere Jahre, bis sie diese Phase durchlaufen haben.

Dritte Trauerphase

John Bowlby spricht von der ***„Phase der Desorientierung und der Verzweiflung“***.
Je länger der Tod zurückliegt, umso mehr begreifen Sie, dass der/die „Verloren-Gegangene“ nicht mehr zurückkommen wird. Der eine oder andere Festtag, wie z.B. der Geburtstag, der Hochzeitstag oder Weihnachten haben bereits ohne den Toten stattgefunden und verliefen ganz anders als früher.
Nichts ist mehr so, wie es früher einmal war. Es gibt Tage, da wissen Sie nicht,

wie Sie alleine weiterleben sollen. Sie können wenig Freude erleben. Das „Leben" geht weiter, aber Sie haben oft den Eindruck, nicht mehr dazuzugehören. Eine gewisse innere Leere und Sinnlosigkeit kann sich seelisch einstellen. Der Horizont ist verschwommen, Sie haben Ihren inneren Halt verloren.

Diese dritte Trauerphase kann sich ebenfalls über mehrere Monate und Jahre erstrecken. Es gibt hier keine zeitliche Eingrenzung. Je nach der persönlicher Beziehung des Trauernden zur/zum Toten, kann die Verarbeitung der Trauer unterschiedlich lange anhalten.

Vierte Trauerphase

„Die Phase der Neuorientierung" steht am Ende eines Trauerprozesses.
Sie haben den Tod begriffen und Sie haben viele Erlebnisse und Gefühle, die mit dem/der Toten verbunden waren, sich noch einmal vergegenwärtigt. Die Erinnerung hat Ihnen dabei geholfen, den Tod als unumkehrbar zu akzeptieren.

Ganz langsam wenden Sie sich wieder dem Leben zu. Oft entwickeln sich nach einem Verlust oder einer Krise neue Projekte. Auch das äußere Erscheinungsbild wird manchmal verändert. Ein anderer Haarschnitt wird ausprobiert oder ein neues Kleidungsstück gekauft. Auch beruflich kann es zu Veränderungen kommen.

Sie suchen neue Herausforderungen und andere Aufgabenfelder. Vielleicht erfüllen Sie sich auch einen langersehnten Wunsch, unternehmen eine Reise in ein fernes Land, weil Ihnen deutlich geworden ist, dass Sie der Tod jederzeit erneut treffen kann, und auch Ihr eigenes Leben endlich verläuft.

Nicht nur John Bowlby hat sich mit der Verarbeitung der Trauer nach einem Verlust oder dem Weggang einer uns nahe stehenden Bindungsperson beschäftigt!
Er ist jedoch ein Vorreiter auf diesem Gebiet gewesen und hat mit seinen Ausführungen deutlich machen können, dass wir Menschen bei einer Trennung und einem Verlust eines Menschen ähnliche Verhaltensweisen zeigen.

(Verena Kast spricht ebenfalls von vier Trauerphasen, auch der griechische Trauerexperte Dr. Jorgos Canacakis, der sogar ein Trauerzentrum leitet.)

Wir alle durchlaufen die vier Trauerphasen, mit ähnlichen Gedanken und Gefühlen, so wie ich sie in meinen Ausführungen beschrieben habe.
Dennoch bleibt jeder Trauerprozess auch ein individuelles Geschehen! Durchlaufen wir diese vier Phasen nicht und bleiben eventuell auf einer Trauerstufe stehen, bleiben wir in der Trauer verhaftet und können keine eigenen neuen Perspektiven entwickeln. Es entsteht eine sogenannte „pathologische Trauer", aus der wir oft nur mit Hilfe einer Therapeutin oder eines Therapeuten wieder herausfinden können.

Daher ist es für einen trauernden Menschen besonders wichtig, dass er die Anerkennung seines Umfeldes bekommt, dass Menschen seines Umfeldes, Freunde, Familienangehörige, Arbeitskollegen für ihn da sind, ihn auf den Verlust ansprechen und ihn fragen, was er jetzt braucht.
Einige Menschen umgeben sich gern in Zeiten der Trauer mit anderen Menschen. Sie möchten nicht allein sein.
Andere Trauernde, dagegen, fühlen sich zu Hause sicherer und ziehen sich in die Einsamkeit zurück.

Wie schon erwähnt, können die vier Phasen, nicht nur bei einem Trauerfall auftreten! Wenn wir von wichtigen Personen unseres Umfeldes oder unserer Familie verlassen werden, wie dies z.B. bei einer Scheidung eines Ehepaares der Fall sein kann, werden die vier Verarbeitungsphasen im Verhalten beider betroffener Personen beobachtbar sein. Wobei die „Verlustreaktion", bei dem Ehepartner, der von dem anderen verlassen wurde, vermutlich etwas stärker ausfallen und länger dauern dürfte. Daher ist es für das erneute Eingehen einer neuen Partnerschaft wichtig, dass die oder der Partner, der bereits eine Beziehung hinter sich gebracht hat, diese alte Beziehung, phasengerecht beendet. Ansonsten werden unerledigte Gefühle und Erlebnisse mit in die neue Partnerschaft übernommen und erschweren den Neubeginn.

Krisen überwinden in sieben Stufen

Neben Trennungen und Verlusten kann es zu vielen weiteren Formen von Krisen im Laufe eines Lebens kommen. Sich in einer Krise zu befinden, ist – so glaube ich – für keinen Menschen angenehm.
Alte, gefestigte und vorhandenen Strukturen tragen nicht mehr. Neue Strukturen sind zu Beginn einer Krise noch nicht erkennbar. Es gilt, diese Unsicherheit, manchmal auch das Gefühl der Ohnmacht, die Ängste, die mit einer Krise verbunden sind, aushalten zu können. Den eigenen Gefühlen durch z.B. verstärktes Arbeiten und durch Rauschmittel „aus dem Weg zu gehen", löst die auftretenden Schwierigkeiten nicht. Der „Berg, der sich vor einem auftürmt", wird nur noch höher und die Bewältigung der Krise umso schwieriger.

Daher gehören ganz viel Stärke und Kraft dazu, sich einer Krise und den damit einher gehenden Unwägbarkeiten zu stellen. Mitunter kann auch hier das Aufsuchen einer Fachfrau oder eines Fachmannes zur Unterstützung und als Wegbegleitung sinnvoll sein.

Ein wenig kann ich Sie jetzt an dieser Stelle auch beruhigen! Da wir alle im Laufe unseres Lebens mehrere Krisen durchlaufen werden, können wir auch zunehmend besser mit Krisenverläufen umgehen. Wir lernen uns mit jeder weiteren Krise besser kennen und können dadurch etwas gelassener auf sie reagieren.
Wir haben in der Vergangenheit bereits erfahren, dass Krisen überlebbar sind und wir eventuell auch gestärkt aus einer vorangegangen Krise herausgegangen sind.
Falls wir schon mehrere Krisen hinter uns gebracht haben, kann es durchaus vorkommen, dass die Themen oder die Fragestellungen, die durch eine Krise „hindurch scheinen", sich ähneln.
Hierbei kann es sich um individuelle „Lebensthemen" handeln, die sich in den jeweiligen Krisen zeigen, wobei sich das individuelle Lebensthema eines Menschen erfahrungsgemäß immer in einem etwas „anderen Gewand" zeigen wird.
Hier gilt es, genauer hinzusehen.

Die Frage jedes Menschen, der sich in einer Krise befindet, sollte daher lauten: Warum erlebe ich jetzt zu diesem Zeitpunkt die Krise? Was will mir diese Krise sagen, auf welches Thema soll ich aufmerksam gemacht werden?
Gab es ähnliche Erfahrungen in einer vorangegangenen Krise?
Welche Muster und Fragestellungen wiederholen sich in den Krisen?
Wie habe ich es geschafft, die letzte Krise gut zu überstehen?
Was habe ich aus der letzten Krise an Erkenntnissen mitgenommen?

Krisen überwinden in sieben Stufen, von S. A. Spencer und J. D. Adams

Nach dem „Vier Phasen-Modell“ von John Bowlby, werde ich nun, im weiteren Verlauf, das siebenstufigen Modell der beiden oben genannten Autoren darstellen. Wie schon erwähnt, gibt es Parallelen zu dem „Vier-Phasen-Modell“ von J. Bowlby. Jeder Mensch durchläuft, neben den durch die Lebensphasen bedingten Krisen, auch individuelle Krisenmomente. Diese Krisenmomente stehen unmittelbar mit der individuellen Geschichte und der Situation der betroffenen Person in einem Zusammenhang. Auch diese Form der persönlich bedingten Krise halte ich wiederum für „Aufwachmomente“ , die uns die Möglichkeit eröffnen, unsere Sichtweise zu erweitern und unser Leben gegebenenfalls in eine „etwas andere Richtung zu lenken“.

Erste Stufe: Betäubung

Nach dem Eintritt in eine Krise nehmen die Menschen die veränderte Situation wahr. Jedoch ist die Wahrnehmung keine klar konturierte. Vielmehr nehmen Sie sowohl die Gefühle im Inneren, als auch die im äußeren Umfeld nur „verschleiert“ wahr.

„Vielleicht fühlen Sie sich völlig erschlagen oder wie gelähmt und gehen herum, wie im Traum, ohne zu wissen, was sie tun und wo Sie eigentlich hinwollen!“
S. A. Spencer u. J. D. Adams, Krisen überwinden und an ihnen wachsen, S. 23

Zweite Stufe: Leugnung

Die Krise ist da, die Veränderungen sind für Sie bereits spürbar, aber Sie wollen sie nicht zulassen. Sie wollen „der Krise" keinen Zugang zu Ihrem Leben gewähren.
Mit aller Kraft wehren Sie sich innerlich gegen die einsetzende Verunsicherung.
Die Menschen versuchen ihr bisheriges Leben fortzuführen, als sei nichts geschehen.
Sie leugnen den beginnenden Wandel.

Dritte Stufe: Der Abgrund

Haben Sie diese dritte Stufe erreicht, dann können Sie die veränderte Realität nicht mehr leugnen. Alle bisherigen Bemühungen, die Krise zu „unterdrücken", waren umsonst, Sie werden von den veränderten Bedingungen, Ihren Gefühlen, eingeholt, ja fast überrollt. Heftige Gefühlsausbrüche können Sie ergreifen. Wutausbrüchen, Verzweiflung, das Gefühl der Überforderung, Weinattacken treten vermehrt auf und sind für Sie unkalkulierbar. Daneben führen Sie die innere Verunsicherungen zu Ängsten und Selbstzweifeln.
Sie hadern mit Ihrem Schicksal.

Vierte Stufe: Loslassen

Diese vierte Stufe bringt die Wandlung mit sich. Wann sich diese Wandlung genau vollzieht, ob am Anfang dieser Stufe, in der Mitte oder eher gegen Ende, lässt sich nicht genau sagen.
Eine Krise verläuft, wie schon mehrfach erwähnt, in einer bestimmten Abfolge von Schritten. Dennoch handelt es sich überwiegend um einen sehr persönlichen und individuellen Prozess, der jeder menschlichen Krise einen „besonderen und individuellen Farbanstrich" verleiht.
Bevor es also zur Wandlung und der beginnenden Neuorientierung auf dieser Stufe kommen kann, denken Sie viel über die Vergangenheit nach. Ständig tauchen alte Erlebnisse und Erinnerungen auf, an die Sie oft schmerzhaft, manchmal auch freudig, zurück denken. Diese Erinnerungen sind wichtig, weil Sie Altes noch einmal, jetzt unter veränderten Gesichtspunkten, anders erleben und dadurch in die Verarbeitung

eintreten können. Alte Erinnerungen werden an die „neuen, veränderten“ Bedingungen „angebunden und angeknüpft“.
Hier handelt es sich, meines Erachtens, um den wichtigsten Moment, vor dem die meisten Menschen die größte Angst haben und deswegen vor einer Verarbeitung der alten Erfahrungen zurückschrecken.

Durch das Auftauchen der alten „Bilder und Gefühle“ haben Sie mitunter das Gefühl, „den Boden unter den Füßen“ zu verlieren, oder manchmal, eventuell auch dadurch bedingt, die Angst, „verrückt“ zu werden.
In der Tat sind Sie vielleicht auch Ihrem alten Gefühl, sich in der „Mitte“ zu befinden, entrückt. Sie fühlen sich manchmal, als seien Sie weit von sich und Ihrem bisherigen Leben entfernt. Sie wissen zu diesem Zeitpunkt auch noch nicht, ob „Sie sich wieder finden werden“, ob Sie jemals wieder zu neuer, alter Stärke zurück finden werden.
Diese „Leere“, dieses „Fass ohne Boden“ – Gefühl, diese Ohnmachtsempfindungen durchzustehen, auszuhalten und sich dabei nicht zu betäuben, ist für die Überwindung der Krise von entscheidender Bedeutung und zeugt von wahrer innerer Stärke und großem innerem Mut, wenn Ihnen dieses gelingt. Dann wird sich irgendwann ein zarter Lichtblick zeigen, ein innerer Moment kommen, wo Sie die Wandlung spüren werden und erahnen können, dass es einen Zustand nach der Krise geben wird. Es sind kleine Lichtblicke, die immer mal wieder auftauchen werden.
Manchmal kann es auch sein, dass bereits „die ganze Sonne“ für einen kurzen Augenblick in Erscheinung treten wird, obwohl der „Himmel noch verhangen erscheint und die abziehende Gewitterluft“ noch spürbar ist.

Fünfte Stufe: Neues Selbstwertgefühl

Um im Bild zu bleiben, „Das Gewitter“ ist auf dieser Stufe bereits vorübergezogen, die „sonnigen Momente“ gewinnen zunehmend die „Oberhand“. Innerseelisch beginnen Sie „aufzuatmen“, Sie haben wieder mehr Kraft zur Verfügung und es fallen Ihnen neue Ideen ein, die Sie zukünftig zur Umsetzung bringen möchten.
Sie beginnen mit neuen Aktivitäten, verabreden sich mit alten, oder neu gewonnenen Freunden.

„Durch dieses Ausprobieren neuer Verhaltensweisen und das Entwickeln neuer Fähigkeiten entdecken Sie in sich ein ganz neues Selbst“ S. A. Spencer und J. D. Adams, „Krisen …“, Seite 27

Sechste Stufe: Sinnsuche

Sie befinden sich nun eindeutig auf der Seite „des Neuen“, nach vollzogener Wandlung. Menschen, die ihre Krisen bewusst durchlaufen, versuchen nun den Sinn dieser Krise zu erfassen. Vielleicht gelingt es auch dem einen oder anderen bei der Betrachtung dieser Krise, Ähnlichkeiten mit anderen zuvor erlebten Krisen zu entdecken.
Vor allen Dingen kann diese sechste Stufe auch dazu dienen, sich die individuellen „Bewältigungsmechanismen“ deutlich zu machen.
Wahrscheinlich haben Sie schon den letzten Leuchtturm dazu genutzt, sich Ihre Bewältigungsstrategien vor Augen zu führen?! Jeder Mensch hat andere Möglichkeiten und Fähigkeiten mit Krisen umzugehen und diese durchzustehen.
Auf Stufe Sechs versuchen Sie in Ihr Inneres zu blicken und Zusammenhänge zu erkennen. Die zuvor in der Krise gemachten Erfahrungen sollen in bestehende, innerseelische und begriffliche Strukturen integriert werden.

Siebte und abschließende Stufe: Integration

Wurde die Krise gut durchgestanden und den oft schwierigen und schmerzhaften Gefühlen Raum gegeben, stehen Ihnen die gemachten Erfahrungen nun am Ende der Krise als neue Fähigkeiten zur Verfügung. Die Krise hat Sie auf Ihrer Lebensspur „ein ganzes Stück weiter gebracht“.

Ihnen eröffnen sich neue Sichtweisen, und Sie sind in der Lage, auf die in Ihrem Alltag auftretenden Fragen und Aufgabenstellungen anders einzugehen.

Der aufmerksame Leser oder die Leserin wird sicherlich längst bemerkt haben, dass sich die beiden unterschiedlichen Modelle im Grunde genommen sehr ähneln.
Die Autoren Spencer und Adams differenzieren die einzelnen Phasen noch etwas ausführlicher als J. Bowlby. Dennoch sind starke Übereinstimmungen in den Beschreibungen der beiden Phasenmodelle vorhanden.

Beide Ausführungen beginnen mit der Betäubung, es folgen die Phasen der Verunsicherung und Desorientierung, sowie die der Wandlung und der abschließenden Neuorientierung. Daher finde ich es beruhigend, dass beide Ausführungen „Krise" als einen Prozess mit einem Anfang und einem Ende beschreiben.

Durch die gemachten Ausführungen haben Sie selbst die Möglichkeit, sich innerhalb einer Krise besser zu orientieren. Sie wissen jetzt, dass je nachdem auf welcher Stufe Sie sich gerade befinden, es ein Danach geben wird. Zudem sind die verschiedenen Gefühle, Unsicherheiten und Ängste etwas ganz Normales. Sie sind wichtig und führen letzten Endes zu einer Weiterentwicklung Ihrer menschlichen Qualitäten.

„Krisen" gehören zum Leben dazu und sollten als wichtige Chance für die eigene Entwicklung im Leben verstanden werden.
Wer Krisen „verdrängt und übergeht", beraubt sich wichtiger eigener Erfahrungen.
Jede durchgestandene „Krise" lässt Sie zudem menschlicher werden, weil Sie auf die eigenen, gewonnenen Lebenserfahrungen zurückgreifen und erahnen können, wie sich Ihr Gegenüber gerade fühlen könnte.

Führen Sie sich ihre letzte Krise „vor Augen", vielleicht befinden Sie sich auch gerade in einem Lebensumbruch.
Halten Sie Ihre Eindrücke fest und fragen Sie sich, an welcher Stelle der Krise Sie sich augenblicklich befinden.
Können Sie sich in einem der beiden angeführten Krisenmodelle wiederfinden?

Arbeit mit dem Mini-Genogramm

Bisher konnten Sie erfahren, dass Sie, wenn sie geboren werden, bereits die prägende Zeit der Schwangerschaft erlebt haben. Weitere Prägungen erfolgen in der frühen Kindheit durch die Reaktionen unserer Familien und unserer Umwelt auf unser Verhalten. Zudem bestimmen im weiteren Verlauf unserer Entwicklung diverse Lebensabschnitte und die daraus resultierenden Veränderungen und Rhythmen unser Leben. Je älter Sie werden, umso reicher wird Ihre Lebenserfahrung, und es erfolgt eine individuelle Reifung durch Krisen und durch unterschiedlich Lebenseinschnitte. Wenn Sie als Leser und Leserin, sich mit dem einen oder anderen „Leuchtturm" beschäftigt haben, dann werden Sie Ihr Leben und Ihre Sicht auf Ihre Biografie, bis zu dieser Stelle, bereits um viele weitere Aspekte bereichert haben.

Abschließen möchte ich das Aufzeigen von Lebensphasen und Lebensrhythmen mit der Betrachtung eines weiteren Zusammenhanges: In dem Moment, indem Sie „das Licht der Welt erblicken", werden Sie in Ihre Ursprungsfamilie hineingeboren. Sie haben eine bestimmte Mutter und einen bestimmten Vater. Auch Ihre Eltern wiederum waren einmal klein und wurden in eine Ursprungsfamilien hinein geboren, usw.

In jeder Familie finden die unterschiedlichsten Prägungen statt, und es ist bekannt, dass diese unser zukünftiges Leben erheblich beeinflussen werden:

1. Es wird Erfahrungen geben, an die Sie sich gern zurück erinnern werden.
2. Andere Erlebnisse werden im Laufe der Jahre verblassen, da sie einen eher neutralen Charakter haben.
3. Schließlich wird es eine dritte Art an Eindrücken geben, die eher negativ geprägt verlaufen werden.

Bezüglich der eher negativen Erfahrungen wird die Familienatmosphäre eine entscheidende Rolle spielen. Es wird darauf ankommen, wie mit diesen „negativen" Eindrücken verfahren wird.

In einigen Familien werden die belastenden Eindrücke „unter den Tisch gekehrt".

Oft herrschen in solchen Familien bedrückende Stimmungen, und es kann eine Wortkargheit im Kontakt der Familienmitglieder untereinander bestehen.

Andere Familien dagegen bemühen sich, die belastende Situation zu bewältigen. Die Familienmitglieder werden die Schwierigkeiten ansprechen und werden versuchen, sich gegenseitig zu unterstützen. Die Familienatmosphäre ist offen und „fehlerfreundlich" ausgerichtet. Fehler, Konflikte etc. werden als zum Leben dazu gehörig erlebt und als Erfahrungswerte „verbucht".

In Familien jedoch, in denen die auftretenden Probleme verschwiegen werden, können auf diese Weise sogenannte „Familiengeheimnisse" entstehen. Probleme, wie der eheliche Fehltritt, das uneheliche Kind, die auftretende Gewalt in der Familie, die Alkoholprobleme eines Elternteils, die Lernschwäche des Kindes, die psychischen Schwierigkeiten eines Familienmitgliedes, die sexuellen Übergriffe im Dorf, der Verlust des Führerscheins, Erbstreitigkeiten, bevorzugte Kinder, für verstorbene Kinder gezeugte Ersatzkinder, Suizide usw., werden geleugnet.
Sie haben sicherlich, als inzwischen fachkundige Leser/innen und Kenner/innen Ihrer biografischen Zusammenhänge, jetzt schon eine Ahnung, worauf ich hinaus will!
Die ungelösten Aspekte in einer Familie sind natürlich mit der Leugnung dieser Probleme nicht verschwunden. Sie werden allenfalls unterdrückt und überspielt und treten als ungelöste Konflikte zu einem späteren Zeitpunkt, vielleicht in einer etwas anderen Ausprägung, wieder „ans Tageslicht".
Das Fatale an dieser Tatsache ist, dass das ungelöste Problem meistens in verstärkter Form „zum Vorschein" kommen wird, damit es nun endlich „angeschaut" und gelöst werden kann. Es tritt häufig aber erst in der nächsten oder übernächsten Generation zu Tage.
Zusätzlich erschwert wird die Situation, wenn die Menschen, die das Problem nicht gelöst, sondern es verheimlicht haben, mittlerweile verstorben sind. Die Auflösung des Konfliktes wird dann wesentlich schwieriger werden, weil die Menschen, die den Konflikt verdrängt haben, nicht mehr ansprechbar sind. Die einzige Möglichkeit, sich dem „Familiengeheimnis" dann doch noch zu nähern, wird darin bestehen, dass Sie möglichst alle noch ansprechbaren Familienmitglieder befragen, um dem Geheimnis irgendwie näher zu kommen und es „lüften" zu können.

Die Wirkung eines Familiengeheimnisses ist enorm! Ich vergleiche die Wirkung eines ungeklärten Familienkonfliktes häufig mit der Wirkung eines homöopathischen Mittels. Je höher die Substanz und der Wirkstoff potenziert werden, umso weniger lässt sich das eigentliche Mittel, das Sie einnehmen, naturwissenschaftlich nachweisen. Mit zunehmender Potenzierung und abnehmender Stofflichkeit nimmt aber erstaunlicher Weise die Wirkung des Mittels zugleich zu. „Wie von Geisterhand bestimmt", kann es zur körperlichen Heilung kommen, wenn Ihnen die Fachfrau oder der Fachmann das passende Mittel verschrieben hat.

Übertragen Sie nun diesen Sachverhalt auf die Familiengeheimnisse, dann sind die Auswirkungen auf die nachfolgenden Generationen besonders hoch, je stärker und je länger das Problem bereits verdrängt und geleugnet wurde.
In meiner Praxis erlebe ich es immer wieder, dass die Menschen zuerst etwas erstaunt und verblüfft reagieren, wenn ich sie nach ungelösten, familiären Konflikten in der Vergangenheit befrage. Je intensiver wir jedoch in diese Fragestellungen eintauchen, umso deutlicher werden ihnen die oftmals vorhandenen familiären „Verstrickungen". Manchmal fühle ich mich dabei wie eine Detektivin.

Wie Sie schon gelesen oder es selbst erfahren haben, leben wir in einer Gesellschaft, die überwiegend verdrängend auf schwierige Lebenslagen reagiert. „Nach außen hin wird der Schein der Familie gewahrt, hinter der geschlossenen Haustüre finden aber die Dramen statt". Daher vermute ich, dass es auch in Ihrer Familie, oder zumindest in Ihrem näheren Bekanntenkreis, Erfahrungen mit Familiengeheimnissen geben wird.

Sind Ihnen Familiengeheimnisse bekannt?
Gab es häufig eine bedrückende Stimmung in Ihrer Familie und wann trat diese auf?
Über welche Themen wurde bei Ihnen zu Hause nicht gesprochen?
Gab es Familienmitglieder, die sog. „schwarze Schafe" waren?
Warum wurden sie von der Familie als „schwarze Schafe" tituliert?

Das „Mini-Genogramm“

Damit Sie die Möglichkeit haben, Ihre Familienstrukturen noch etwas nachhaltiger zu begreifen, werde ich die Verbindungen aufzeigen, die zwischen den Familienmitgliedern der unterschiedlichen Generationen bestehen.

Als Therapeuten/innen oder Berater/innen arbeiten wir zu diesem Zwecke mit dem sogenannten „Genogramm“, das überwiegend in der systemischen Therapie und Beratung eingesetzt wird. Ein „Genogramm“ ähnelt in gewisser Weise einem Familienstammbaum, wobei es in der Darstellung eines Familienstammbaumes lediglich um das Aufzeigen der Familien und ihrer Angehörigen geht.

Ein „Genogramm“ dagegen ist sehr viel umfassender.
Neben den einzelnen Familienmitgliedern und ihrer jeweiligen Abstammung, können zusätzlich dazu „innere Strukturen und seelische Aspekte“, z.B. Todestage, Geburtstage, Trennungen, Wiederholungen von Erkrankungen, Suizide, etc. sichtbar gemacht werden.
Einige Therapeuten schreiben den Ursprung des „Genogramms“ einer Konferenz über Familientherapie zu, die Murray Bowen 1967 veranstaltete. „So kann man das Gesagte und das Nichtgesagte ans Licht bringen, die gegenwärtigen und die vergangenen, sozialen und emotionalen Beziehungen und Bindungen.
Man arbeitet besonders mit dem, was durch nonverbale Kommunikation ausgedrückt wird, und erforscht auch in dem, was verbal gesagt wird, die Auslassungen, das Vergessene, die Brüche, die Wendepunkte, die „gebrochenen Herzen“, die gleichzeitigen Ereignisse und das zufällige Zusammenfallen von Daten, bezüglich Geburt, Tod, Hochzeit, Trennung, Unfällen, Auftreten von Krankheiten, Versagen bei Examen, Versöhnungen.“ A. A. Schützenberger, „Oh, meine Ahnen“, S. 27/28

(Falls Sie jetzt Lust haben, ein vollständiges „Genogramm“ für sich und Ihre Angehörigen zu erstellen, können Sie dies mit Hilfe der im Anhang aufgeführten Fachliteratur gern versuchen.)
Da die Erstellung eines „Genogramms“, je nach Ausführlichkeit, mitunter mehrere Stunden, Tage oder Wochen dauern kann, und nicht jeder Freude an dieser Tätigkeit haben wird, möchte ich mich in meinen Ausführungen nur auf einen Aspekt

beschränken, auf die Geburtenabfolge der Kinder einer Familie und einer möglichen Verbindung zu bestehenden Familienstrukturen und Problemen. Damit die Schwierigkeiten und „Verstrickungen“ aufgedeckt und sichtbar gemacht werden können, hilft die Erstellung eines „Mini-Genogramms“.

Ihr „Mini-Genogramm“ können Sie auf ein Blatt oder in Ihr Heft zeichnen. Sie beginnen mit der untersten Ebene, am unteren Blattrand, auf der Ihre Kinder eingetragen werden, oder falls vorhanden, Ihre Enkelkinder. Über „das Symbol Kreis“ werden die Frauen oder Töchter dargestellt, über „das Symbol Quadrat“, die Männer bzw. die Söhne. Die Kinder sollten der Reihenfolge nach Lebensalter und Geschlecht (links beginnend mit dem ältesten Kind) aufgeführt werden. Alle Kinder werden über einen kleinen Strich nach oben und einen dann erfolgenden Querstrich verbunden.
Nach der Kinderebene folgt die Elternebene. Sie tragen sich als Mutter oder Vater ein, bzw. Ihre Frau oder Ihren Mann.
Links ist das Frauensymbol, rechts das Mannsymbol.
Über die Elternebene wird die Großelternebene eingezeichnet.

Geschwisterabfolge in einer Familie und ihre Wirkungen

Das erstgeborene Kind

Ich werde mit der Betrachtung immer auf der untersten Ebene des „Mini-Genogramms“ beginnen:
Stellen Sie sich also vor, Sie und Ihre Frau werden Eltern und bekommen eine Tochter. Als erstgeborene Tochter ist Ihre Tochter mit der Ebene der beiden Großmütter (väterlicherseits und mütterlicherseits) verbunden. Gab es oder gibt es Schwierigkeiten in der Geschichte (in der Regel überwiegt eine der großmütterlichen Seiten) einer der beiden Großmütter, die als ungelöst zu betrachten sind und von dieser Großmutter nicht bearbeitet wurden, können diese ungelösten Probleme als Fragestellung in der Familie der erstgeborenen Enkelin wieder auftauchen.

Da es innerhalb eines Familiensystems quasi „unbewusst“ das Bestreben gibt, ein Familiensystem ausgleichen oder heilen zu wollen, wird die Enkelin den Drang verspüren, heilend wirksam zu werden. (Warum dieser „Drang“ der Heilung vorhanden ist, ist nach naturwissenschaftlichen Gesichtspunkten nicht erklärbar.)
Es scheint hier eine „gewisse geistige Ordnung“ zu existieren, die aber experimentell nicht darstellbar ist.

Genauso, wie die erstgeborene Tochter mit der Ebene der beiden Großmütter im Kontakt stehen wird, ist der erstgeborenen Sohn mit der Ebene der beiden Großväter verbunden. Auch er wird sich für ungelöste Schwierigkeiten von einem seiner Großväter verantwortlich fühlen und das innere Bestreben haben, für einen generationsübergreifenden Ausgleich zu sorgen.

Bei der Geburt von Zwillingen (Mädchen und Junge) verhält es sich ebenso.
Das Mädchen ist „Stellvertreterin“ Ihrer beiden Großmütter, der Junge „Stellvertreter“ seiner beiden Großväter.

Zweitgeborene Kinder

Werden nun weitere Kinder geboren, ist das zweite Mädchen „Stellvertreterin“ ihrer Mutter. Zuvor aufgetretene Schwierigkeiten, die die Mutter in ihrem bisherigen Leben nicht verarbeitet hat, werden im Leben der Tochter wieder eine Bedeutung bekommen. Hatte z.B. die Kindesmutter in ihrer eigenen Kindheit Schwierigkeiten mit der eigenen Mutter (Großmutter mütterlicherseits), weil diese z.B. ihre ältere Schwester emotional in ihren Entscheidungen immer bevorteilt hat, kann sich dieser Konflikt im Kontakt mit der zweitgeborenen Tochter höchstwahrscheinlich wiederholen.
Die zweite Tochter kann in ihrem Verhalten auffällig reagieren, sie kann z.B. unerlaubte Verhaltensweisen zeigen (z.B. unbewußt frühzeitig mit dem Rauchen beginnen, Schule schwänzen, etc.), um die Kindesmutter zur Auseinandersetzung mit den eigenen, und mit den bei der zweitgeborenen Tochter vorhandenen Schwierigkeiten aufzufordern.

Der zweitgeborene Sohn kann die „Stellvertreterrolle“ des eigenen Vaters einnehmen. In Unternehmerfamilien oder in Familien mit einem landwirtschaftlichen Hintergrund (eigener Hof), spielt gerade bei männlichen „Vertretern“ die Erbfolge, und somit die Geschwisterabfolge eine entscheidende Rolle. Wenn z.B. der älteste Sohn das Geschäft des Großvaters (seit Generationen im Familienbesitz) übernehmen soll und plötzlich verstirbt, können Probleme mit weitreichenden Folgen fürs das ganze Familiengefüge entstehen. Wenn sich vor dem Tod seines Bruders, der zweitgeborene Sohn ursprünglich ganz andere berufliche Ziele gesetzt hatte, und er z.B. aufgrund seiner kreativen und künstlerischen Fähigkeiten, eine eigene „Web-Designer“ Firma gründen wollte, und er dann gezwungen wird, den familiären landwirtschaftlichen Betrieb zu übernehmen, wird er seine eigentlichen beruflichen Bestrebungen und damit einhergehend, seine inneren Impulse unterdrücken. Eine mögliche Folge könnten auftretende Depressionen sein, die auch im Leben seines Sohnes wieder eine Rolle spielen könnten.

(Das war jetzt nur ein erdachtes Beispiel, um die sehr komplexen Zusammenhänge, etwas bildhafter erscheinen zu lassen)

Bei der Geburt von gleichgeschlechtlichen Kindern, wird die erstgeborene Tochter die „Stellvertreterin“ der großmütterlichen Ebene, die zweite Tochter wird die mütterliche Ebene repräsentieren.
Ebenso kann es sich bei der Geburt zweier Söhnen verhalten:
Der erstgeborene Sohn wird der großväterlichen Ebene entsprechen, der zweitgeborene Sohn der väterlichen Generationsebene. Sollten weitere Kinder geboren werden, können diese die Stellvertreterposition für weitere ungelöste Familienfragen übernehmen.

Da, wie schon erwähnt, die familiären Strukturen sehr komplex verlaufen und in einer „Probleme vermeidenden Familie“ die Schwierigkeiten eher wenig ausgesprochen und verarbeitet werden, können oftmals Probleme und Fragestellungen auf allen familiären Ebenen entstehen.

Schwierige Aufgaben, Probleme, Krankheiten, Krisen, Schwächen gehören mit zu unserem Leben.
Sie fordern uns auf, uns mit ihnen zu beschäftigen.

Sie wollen gesehen, und wahrgenommen, bzw. „gelüftet“ werden.
Das Zulassen von damit einhergehenden Schwächegefühlen, Ängsten, einer Ohnmacht der Situation gegenüber, sind für die Verarbeitung und Integration Ihrer Schwierigkeiten in Ihrem Leben wichtig.
Oftmals bilden erst durchgestandene Krisen die Voraussetzung für eine Weiterentwicklung Ihrer Fähigkeiten.

Die Kriegserlebnisse und ihre Folgen

Gerade lief im Fernsehen der Dreiteiler, „Unsere Väter, unsere Mütter“, in denen die Kriegserlebnisse und ihre Folgen sehr anschaulich gezeigt wurden. Erst allmählich, durch eine ansteigende Zahl von Büchern, Berichten und Zeitzeugenaussagen, aber auch durch die Erlebnisse in den eigenen Familien, werden die Menschen aufmerksamer auf die schwerwiegenden Folgen der Kriegserlebnisse.
Viele Großväter und Großmütter wuchsen in einer Generation auf, in der es, durch den Krieg bedingt, um das „blanke“ Überleben ging.
Die Großväter, die im Krieg waren, mussten miterleben, wie Menschen verwundet und getötet wurden. Vielleicht wurden sie selbst verwundet oder gerieten in Gefangenschaft.
Die Frauen, alte Menschen und Kinder mussten teilweise flüchten, ihr „Hab und Gut“ und ihre Heimat zurücklassen, erlebten Vergewaltigungen, Hunger, Krankheiten und vieles Mehr. Es gab Täter und Opfer und viele schlimme, grundverunsichernde Erlebnisse im Krieg.

Aufgrund der im letzten Abschnitt bereits erwähnten Folgen von unerledigten Konflikten und Schwierigkeiten, gehören die Kriegserlebnisse in vielen Familien ebenfalls mit zu den „totgeschwiegenen Erlebnissen“. Es sind insbesondere die Großväter, die nicht viel, aus dem Krieg zurückkommend, berichten konnten oder wollten. Aber auch viele Frauen haben über ihre Erlebnisse nicht immer gesprochen, weil es erst einmal wichtig war, die „Übriggebliebenen“ zu retten.

Ein Leiter eines Altenheimes erzählte mir, dass er das Gefühl habe, dass vor allen

Dingen die an Demenz erkrankten alten Menschen ständig alte Kriegserlebnisse wiederholten.

Ob durch auffallende Handlungen, oder durch plötzlich auftretende Schreie, es sei so, als sitze der oder die Alte plötzlich wieder im Bunker und werde beschossen oder habe Angst beim Waschen, z.B. erneut sexuell belästigt zu werden.
Daher gehe ich davon aus, dass es noch viele schreckliche, seelische Erlebnisse geben muss, Erlebnisse, die „tief auf dem Grund der Seele schlummern", wie eine nicht gezündete Bombe auf dem Meeresgrund, die jederzeit explodieren könnte.

Solange Sie noch Menschen in Ihrem Umfeld haben, die den Krieg selbst miterlebt haben und auch fähig und willig sind darüber zu berichten, begeben Sie sich auf die „Spurensuche". Die Schilderungen der Betroffenen können vielleicht das eine oder andere „Licht" in Ihre Geschichte bringen und für Schwierigkeiten innerhalb des Familienbundes eine Erklärung liefern.

Erkenntnis

Die Zeit ist reif
Um neue Wege zu beschreiten.
Zaghaft setze ich die ersten Schritte.
Keine Kontrolle, keine Ratschläge,
genaues Hinhören ist gefragt.
Kleine Zeichen müssen nun entziffert werden.
Sie zu lesen, zu entdecken,
fällt dem Betrachter oftmals schwer.
Doch leitet einer die Geschicke,
und führt mich Suchende mit sanfter Hand.

Anja Funk-Klebe

An-Bindung an das Leben

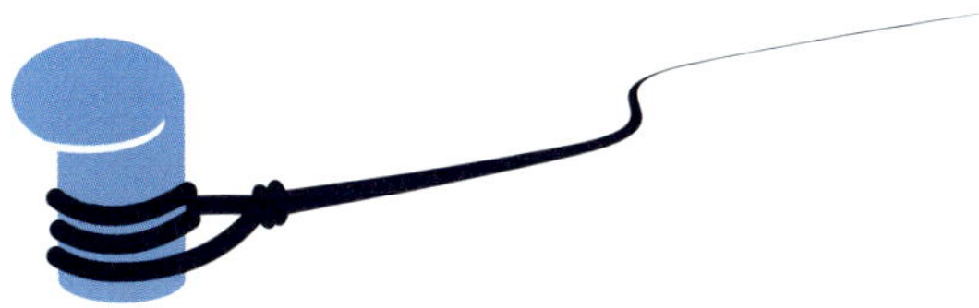

„Der Seelentanz“ wird im Blickpunkt dieses Kapitels stehen.
Der Seelentanz, als Bild für eine geglückte Kommunikation zwischen zwei Menschen!

Aus eigener Erfahrung kann ich an dieser Stelle berichten, dass ich die Momente und Augenblicken, in denen ich einem anderen Menschen begegne und zu spüren beginne, wie unsere beiden Seelen ins „Miteinander- Schwingen“ kommen, als höchstes Glück in meinem Leben erlebe!

Es sind Begegnungen, die ich herbeisehne und die mein Leben bereichern, die sich aber nicht „künstlich“ erzeugen lassen. Daher erlebe ich „den Seelentanz“ als ein besonderes Geschenk „des Himmels“ und bin dankbar, wenn ich ihn erleben darf.

Als Menschen können wir solche Glücksmomente nicht „manipulativ“ –zum Glück, wie ich finde! - erzeugen. Dennoch sind wir in der Lage, unserem Leben „einen individuellen, persönlichen Farbanstrich“ zu verleihen. Verändern können Sie ebenfalls die Stimmung und Ihre Sichtweise, mit der Sie durchs Leben gehen.
Es bleibt die Frage, wie Ihnen dieses gelingen kann?

In diesem Kapitel möchte ich Ihnen meinen „Lösungsansatz“ abschließend darstellen. Das Wort „Lösungsansatz“ habe ich bewusst in Gänsefüßchen gesetzt, weil ich Ihnen hier kein „Patentrezept“ anbieten kann. Patentrezepte kann es in Verbindung mit den menschlichen Fragestellungen, Lebenssituationen und Schwierigkeiten auch gar nicht geben. Es kann nur Einzellösungen geben, und die kann auch letztendlich nur jeder Mensch für sich selbst suchen und herausfinden. Ich kann Ihnen aber Anregungen mit „auf Ihren Weg“ geben, die sie gegebenenfalls aufgreifen können.

Im zweiten Kapitel dieses Buches habe ich ausführlich über den „Seelentanz“ berichtet.

Sie haben erfahren, das dieser „Seelentanz“ nur dann zur vollen Entfaltung kommen kann, wenn die Bindung an die wichtigsten Bezugspersonen eine „Sichere-Bindung“ darstellt. Ich möchte die Kriterien für eine „Sichere- Bindung“ an dieser Stelle noch einmal anführen:

Damit Sie sich wohl fühlen können und sich gemäß Ihrer mitgebrachten Talente entwickeln können, brauchen Sie …

1. einen Mitmenschen, der Sie „spiegelt“.

Als soziale Wesen sind Sie auf die Bestätigung anderer Menschen ein Leben lang angewiesen (Grundbedürfnis).

2. Akzeptanz der ganzen Persönlichkeit, mit allen persönlichen Eigenschaften.

Zur Erinnerung möchte ich an dieser Stelle noch einmal wiederholen, dass die Bestätigung durch einen Mitmenschen nicht ausreichend ist.
Neben der Bestätigung durch Mitmenschen brauchen Sie zusätzlich das Gefühl, dass Sie als Persönlichkeit genügen. Nicht nur genügen, sondern vielmehr Ihre Mitmenschen sich begeistert zeigen und sich freuen, dass es Sie gibt!

3. Menschen, die Ihre Bedürfnisse erkennen (Feinfühligkeit) und darauf eingehen (Spannungsregulierung).

Auf die inneren Bedürfnisse des Kindes zu achten und auf diese entsprechend feinfühlig einzugehen, stellt die Grundlage für das spätere Empathie-Vermögen eines Menschen dar. Menschen, die Feinfühligkeit im Umgang mit ihren Bindungspersonen erlebten, haben eine ausgeprägte Fähigkeit (durch viele ausgebildete Spiegelneuronen) sich auf die Lage eines Mitmenschen einzulassen und ihm Zuwendung und Verständnis entgegenzubringen.

4. Menschen, die auf Ihre Rhythmen achten.

Wurden Ihre rhythmischen Empfindungen und Ihre Bedürfnisse nach Ruhe und

Aktivität ausreichend berücksichtigt, dann konnten sie ihrem rhythmischen Grundgefühl entsprechen und haben aus diesem Grunde ein Gefühl für die eigenen Grenzen entwickeln können.

5. Sichere-Bindung und ein achtsamer Umgang mit dem eigenen Leben.

Alle zuvor genannten vier Punkte, bzw. das Erleben einer Sicheren-Bindung in der Kindheit, ermöglichen Ihnen einen achtsamen Umgang mit sich selbst und dem eigenen Leben bzw. mit Ihren Mitmenschen.

Nun sind, den Worten G. Hüthers („Jedes Kind ist hochbegabt") zufolge, bereits die Hälfte der Menschen Vermeidend-Gebunden, die andere Hälfte entfallen auf die anderen drei Bindungstypen (Sicher-Gebunden, Unsicher-Ambivalent-Gebunden und Desorientiert-Gebunden). Demnach sind nur ca. 16,7 Prozent der Menschheit Sicher-Gebunden und ca. 83,4 Prozent entfallen auf die anderen drei erwähnten Bindungstypen.

Ein Großteil der Leserinnen und Leser werden somit auch zu den 83,4 Prozent der Bevölkerung gehören. Das bedeutet, dass diese Menschengruppe in ihrer zurückliegenden Kindheit keine idealen Bedingungen im Kontakt zu Ihren Bindungspersonen vorgefunden hat.

Je nachdem, wie die weiteren familiären Bedingungen waren und auch wie die individuelle Persönlichkeit auf diese Bedingungen reagiert hat, wird ausschlaggebend dafür sein, wie der Einzelmensch sein weiteres Leben empfinden wird. Ich erwähnte bereits, dass viele Kinder, die nicht Sicher-Gebunden sind, sich an die unbewusst formulierten Vorstellungen ihrer Familien und ihrer Umwelt anpassen, auf Kosten der eigenen Bedürfnisse und Empfindungen, die zunehmend dadurch unterdrückt und geleugnet werden.

Die über Jahre unterdrückten Gefühle sind noch da (es sei denn, die kindlichen Erlebnisse mit den Bindungspersonen hatten einen bedrohlichen Charakter, dann kann der Zugang zu den eigenen Gefühlen gänzlich unterbunden sein), sich ihnen aber zu nähern ist mit vielen Unsicherheiten und oft mit Ängsten verbunden. Doch

der Weg lohnt sich, weil Sie durch die Auseinandersetzung mit den eigenen Ängsten, Ihrem „Wesenskern“, Ihrer Persönlichkeit und Ihrem Lebensweg immer ein wenig mehr „Entgegen gehen“.
Das ist eventuell vergleichbar mit einer „Pilgerreise“ zu sich selbst!

Dennoch ist es wichtig, sich an dieser Stelle auch keinen Illusionen hinzugeben. Die Prägung, die Sie und wir alle im Mutterleib und in der frühen Kindheit erhalten haben und der wir alle mehr oder weniger „schutzlos ausgeliefert“ waren, ist nicht vollständig veränderbar.

Menschen, die nicht Sicher-Gebunden sind, werden nicht vollständig in der Lage sein, ihr Leben derartig umzukrempeln, dass ihnen am Ende ihres Entwicklungs- und Umwandlungsprozesses plötzlich alle, vorher nur eingeschränkt vorhandenen Fähigkeiten nun zur Verfügung stehen werden.
Vielmehr bedeutet eine Auseinandersetzung mit den eigenen familiären Erlebnissen, den familiären Strukturen und den eigenen Gefühlen, dass Sie sich immer sicherer in Ihrem eigenen Leben fühlen werden, Sie einen zunehmenden Kontakt zu Ihrem Bauchgefühl bekommen werden und sich Ihre Lebensqualität deutlich steigern wird.

In diesem Sinne werde ich nun versuchen, Ihnen Anregungen auf den unterschiedlichsten Ebenen zu geben. Die Anregungen beziehen sich dabei auf die zuvor genannten fünf Aspekte, die eine Sicherer-Bindung ausmachen. Ich möchte es Ihnen ermöglichen, dass Sie sich jedem einzelnen Aspekt annähern können, um Ihr Leben zunehmend selbst „in die Hand nehmen zu können“ und sich auch zukünftig besser in die Situation Ihrer Mitmenschen hineinversetzen zu können.

An-Bindung: Menschliche Kontakte

In meinen Ausführungen über die Bindungsstile John Bowlbys habe ich bereits erwähnt, dass Sie als soziale Wesen Ihr gesamtes Leben lang den Wunsch und das Bedürfnis haben, durch andere Menschen geschätzt und bestätigt zu werden.
Sie brauchen das Gefühl, in der Bindung und im Kontakt zu anderen Menschen geachtet und geschätzt zu werden, um ein Gefühl der Bindungssicherheit entwickeln zu können.
Werden diese menschlichen Bindungswünsche zu schwach beantwortet oder bleiben diese gar unbeantwortet, können Sie Ihren inneren Halt verlieren.

In dem Moment aber, indem Sie sich als Mensch durch andere Menschen angenommen und bestätigt fühlen, können Sie sich in Ihrer Seelenmitte wohlfühlen. Sie können innerlich dadurch auch zur Ruhe finden und können sich selbst und Ihre Gefühle besser spüren.
Die ***innere Ruhe und die menschliche Bestätigung und Anerkennung zusammengenommen,*** bilden meines Erachtens erst die Voraussetzung, damit Sie sich selbst anerkennen und annehmen können.
Durch die frühe Anpassung an die elterlichen Vorstellungen hatten Sie unbewusst oft das Gefühl, nicht zu genügen und haben aus diesem Grunde sich selbst und Ihre Gefühle nicht mehr ausreichend wahrnehmen können.

Um Veränderungen für das eigene Leben zu erreichen, und um in die eigene Ausgewogenheit hinein zu finden, sollte daher, vor allen Dingen, der menschliche Austausch gepflegt werden.

(Da die meisten Menschen viel Zeit in ihrem Arbeitsumfeld verbringen, sollten Sie sich die Anregungen über die Wertschätzung am Ende des Buches noch einmal zur Hand nehmen.
Kleinste wertschätzende Gesten Ihren Mitarbeitern gegenüber können Ihren Arbeitsalltag und die Stimmung in Ihrem Arbeitsumfeld aufheitern.
Die meisten menschlichen Wesen reagieren auf eine freundliche Ansprache, auf eine freundliche, morgendliche Begegnung ebenfalls mit einer positiven Rückmeldung.

Manch ein „Morgenmuffel“ oder gehemmte Menschen werden eventuell erst etwas reserviert reagieren, oder auf andere Weise Ihnen ihr Wohlwollen zeigen. Es wird aber mit Sicherheit irgendeine „nette“ Resonanz in irgendeiner Form, irgendwann auf Sie zurückkommen!)

Da wir Menschen alle sehr unterschiedlich sind, haben wir auch jeweils sehr individuelle Bindungswünsche und Vorstellungen, wie wir unsere menschlichen Kontakte gestalten wollen. Manche Erdenbürger/innen brauchen eher das Zweier- bzw. Dreier-Gespräch, andere dagegen halten sich lieber in kleineren oder größeren Gruppen auf, usw..

„Gönnen Sie sich etwas Zeit und Ruhe“ und überlegen Sie, welche Art des menschlichen Kontaktes, der menschlichen Begegnung Sie sich wünschen.
Überlegen Sie, welche Begegnungen für Sie in der Vergangenheit die erfreulichsten und glücklichsten waren.
Warum sind Sie so fröhlich nach einem Treffen oder einem guten Gespräch nach Hause zurückgekehrt?
Notieren Sie Ihre Vorstellungen und Erwartungen im Hinblick auf Ihre menschlichen Begegnungen.
Überlegen Sie zudem, was Sie selbst dazu beitragen können, damit Sie in Zukunft weiterhin nette menschliche Begegnungen haben werden.
Wie müssen Sie Ihr Leben „einrichten“, damit diese menschlichen Begegnungen Sie dauerhaft stärken werden?

Ich habe in den letzten Jahren die Erfahrung gemacht, dass es in unserer medialen, reizüberfluteten und terminlich stark überfrachteten Welt zunehmend schwieriger wurde, menschliche Kontakte spontan entstehen zu lassen.
Das finde ich schade und ein wenig sogar traurig!

Doch die Zeit ist bekanntlich nicht stehen geblieben, und bereits stattgefundene Entwicklungen lassen sind nicht umkehren. Zum Glück können Sie aber Ihre Einstellung zum Leben verändern und Ihren Tagesablauf durch kleine, bewusst gewählte Begegnungsräume oder Freiräume bereichern.

Daher ist es aus meiner Sicht unbedingt ratsam, sich feste Zeiten für diese „kleinen Freiräume“ als feste Termine in den eigenen Terminkalender einzutragen.

Dieser Hinweis bezieht sich nicht nur auf die menschlichen Begegnungen, er sollte generell für alle Unternehmungen und Aktivitäten gelten, die für Sie persönlich wichtig sind.

Nehmen Sie Ihre eigenen Bedürfnisse ernst und räumen Sie ihnen den gleichen Stellenwert ein, wie Ihren anderen beruflichen oder gesellschaftlichen Terminen.

Noch besser wäre es, wenn Sie Ihre persönlichen Termine an die „vorderste Stelle“ setzen und sie farblich auffallend mit einem Stift kennzeichnen würden, damit diese den größten Stellenwert in Ihrem Leben und in Ihrem Kalender bekommen.

Ansonsten werden (zumindest kenne ich solche Erfahrungen aus meinem Leben) diese „persönlich wichtigen Termine und Verabredungen“ oft fallen gelassen oder vernachlässigt, wenn weitere geschäftliche relevante Termine dazukommen.
Es kann dann vorkommen, dass die eigenen Bedürfnisse übergangen werden und gegenüber den „offiziellen Terminen“ in den Hintergrund rücken.

Die Folge sind oftmals Erschöpfungsgefühle, weil Sie wieder einmal nur funktioniert haben und nicht auf Ihre Bindungswünsche und Ihre innere Befindlichkeit geachtet haben.

Zudem können viele unterschiedliche Handlungsabläufe und Termine zu leiblichen und seelischen Erschöpfungszuständen führen, die viele Menschen bereits nicht mehr spüren können, mit der Folge, dass sie ohne Unterbrechung einen Termin nach dem anderen absolvieren und nicht mehr wirklich „bei sich und der Sache" sind. Gelingt es Ihnen jedoch, Ihr natürlich vorhandenes Bindungsbedürfnis ausreichend durch menschliche Kontakte zu stillen, dann sind Sie zu beglückwünschen! Auf der anderen Seite werden Sie innerlich wesentlich ruhiger und ausgeglichener sein, als „so manch anderer Zeitgenosse" in Ihrem Umfeld.

Bedingungslose Akzeptanz

Vielleicht mag es für Sie an dieser Stelle jetzt verwunderlich klingen, dass ich um das Gefühl der „bedingungslosen Akzeptanz" zu beschreiben, von meinen Klostererfahrungen berichten werde.
Dieses Gefühl der bedingungslosen Akzeptanz (eigene Wortschöpfung) lässt sich eben nicht nur in menschlichen Begegnungen erfahren, sondern ebenfalls an besonderen Orten oder auch als religiöse Erfahrung, vielleicht auch im Umgang mit Tieren. In dem Wort „Begeisterung", wird aus meiner Sicht, dieser „besondere Augenblick" besonders gut beschrieben.

Zu meinen Klostererfahrungen

Die Seele ist nicht nur das Tor zur Außen- und Innenwelt, sie kann auch den Raum bieten, um erweiterte geistige Vorstellungen zu entwickeln.

Wenn der eigene Wunsch bestehen sollte und die Sehnsucht vorhanden sein sollte, können Sie über Ihre seelischen Strukturen sich „Geistigem" zuwenden.
Willigis Jäger, ein Benediktinermönch und Begründer eines buddhistischen Zentrums, dem „Bendiktushof", geht sogar soweit, dass er Folgendes in seinem Buch „Das Leben endet nie", (2012) beschreibt: „Wenn zentrale physische Grundbedürfnisse nicht erfüllt werden, erkrankt der Mensch. Wenn er nichts mehr isst, wenn er keinen Sauerstoff, kein Wasser mehr hat, stirbt der Mensch. Er wird aber genauso krank, wenn er seine spirituellen Grundbedürfnisse nicht erfüllt. Die Tragik liegt darin, dass viele diese spirituellen Grundbedürfnisse noch nicht einmal spüren

… Wir merken oft nicht, dass wir spirituell unterernährt sind und daher keine Resistenz und keine Kraft für das eigentliche Leben besitzen. Was können wir also tun? Wir sollten den Anschluss an unser tiefstes Wesen suchen. Von dorther kommen uns heilende und ordnende Kräfte.“ S. 35

In der Seele finden Sie somit die Voraussetzungen, um über Ihr eigenes Leben und Ihre eigenen leiblichen Grenzen hinauszugehen und geistige Erfahrungen machen zu können (z.B. in der Meditation). Für mich ist es nach wie vor tief beeindruckend, dass wir als Menschen über solche Möglichkeiten verfügen!

Doch nicht nur wir Menschen verändern uns, auch unser Leben und die Lebensbedingungen haben sich in den Jahren drastisch verändert. Die Zeit ist schnelllebiger, bunter, schriller, vielfältiger geworden aber auch belastender, weil durch die Medienfülle und die Werbung unzählige Reize ständig auf uns einströmen.

Aus meiner Sicht gibt es zu viele Reize, die wir nicht mehr angemessen verarbeiten können. Unsere Seele wird zunehmend durch die Reize überschwemmt, wir sind überfordert und können schnell die innere Ausgeglichenheit verlieren.

Nun gibt es viele Wege sich mit dieser veränderten Lebenslage, der Reizüberflutung und den anderen belastenden Faktoren auseinanderzusetzen, um diesen entgegenzuwirken. Es gibt unzählige Möglichkeiten sowie Kurse, die Sie buchen können, vom Entspannungskurs über div. sportliche Aktivitäten bis hin zu Zeitmanagementkursen. Aus meiner Sicht sind diese vielen Angebote sehr erfreulich, weil sie auf der einen Seite das Bedürfnis der Menschen nach einer gelasseneren und gesünderen Lebensweise erkennen lassen. Auf der anderen Seite habe ich die Erfahrung gemacht, dass ein einzelner Kurs mir persönlich oft nicht den gewünschten „Erfolg“ gebracht hat.

Ich weiß nicht, wie es Ihnen in der Vergangenheit ergangen ist? Ich gehöre jedenfalls zu den Menschen, die schon viele verschiedene Kursangebote wahrgenommen haben. Für kurze Zeit konnte ich mein Leben durch neue Anregungen bereichern. Auch meine Lebensqualität hatte sich durch das eine oder andere Kursangebot phasenweise deutlich verbessert. Das neu erworbene Wissen oder die neu erlernten Übungen begleiteten mich auch eine Weile durch meinen Alltag.

Doch schon nach einigen Wochen, oder weil mich der „Alltag wieder voll im Griff hatte", verblassten die neu erworbenen Fertigkeiten und ließen eine gewisse Unzufriedenheit in meinem Inneren zurück.

Wieder einmal hatte ich es nicht geschafft, mein Leben nachhaltig zu verändern. Daher begab ich mich weiter auf die Suche. Die Suche nach dem „gewissen Etwas". Dieses „Etwas" sollte mein Leben langfristig bereichern, und es sollte integrierbar und im Alltag umsetzbar sein. Natürlich wurde ich nicht gleich fündig!

Ist es Ihnen ähnlich ergangen wie mir, kennen Sie meine Erfahrungen, oder haben Sie schon das „gewisse Etwas" für Ihr Leben gefunden? Falls Sie es bereits gefunden haben;
Wo und wann und wie haben Sie es gefunden?
Was „schenkt" Ihnen dieses „gewisse Etwas", wie und wodurch hat es Ihr Leben bereichert?
Falls Sie es noch nicht gefunden haben, was soll sich ändern an Ihrem jetzigen Leben?
In welchen Bereichen wollen Sie Ihr Leben verändern?
Notieren Sie die Bereiche und überlegen Sie, ob es schon einmal eine Kurserfahrung oder sonstige Erlebnisse gab, aus denen Sie „etwas ganz Besonderes" für Ihr Leben gewonnen haben.

Meine Suche erstreckte sich über viele Jahre. Schließlich wurde ich bei einer „Auszeit" in einem Kloster fündig. Über ein Buch wurde ich auf die Angebote, die es mittlerweile in diversen Klöstern gibt, aufmerksam, (s. auch Literatur im Anhang) und besuchte für eine Woche ein solches Kloster mit Gästehaus.

Klosterleben

Es begann schon mit dem „Eintritt" in das ***Gästehaus des Klosters***, der mich in eine andere Grundstimmung hineinführte. Dieses Gefühl, im Mittelpunkt des Geschehens zu stehen und sich als Mensch angenommen zu fühlen, war etwas Außergewöhnliches für mich. Ich musste mich nicht verändern, ich wurde beachtet und geachtet!

Es fiel dieser „oftmals gefühlte äußere Zwang“ einfach ab von mir, die Erwartungen meiner Umwelt an mich waren einfach nicht mehr spürbar.
Stattdessen, fühlte ich mich wahrgenommen und angenommen von den Mitarbeitern/innen des Klosters (Angestellte und Nonnen).
Zudem fiel die „Geschäftigkeit“ weg.

Obwohl das Gästehaus des Klosters viele unterschiedliche Menschen beherbergt und ständig Menschen anrufen, bzw. an- und abreisen, war die spürbare Stimmung eine getragene. Es war ruhig und still, obwohl die Menschen sich unterhielten und lachten. Es war eine freilassende Stille, die nicht bedrückend auf mich wirkte.

Ich hatte auch nicht das Gefühl, jetzt still sein zu müssen. Diese beschriebene „Stille“ (ich finde kein anderes Wort für dieses empfundene Gefühl) ergab sich aus meiner Sicht, aus dem „So-Sein-Dürfen“. Egal, in welcher Grundstimmung oder seelischen Verfassung ich mich gerade befand, ich fühlte mich angenommen und wertgeschätzt.

Dieser ***achtsame Umgang*** durchzog das gesamte Klosterleben im Gästehaus.
Diese ***besondere Form der Hinwendung oder der Achtsamkeit*** ist meines Erachtens das erste Grundelement, welches die Menschen durch einen Aufenthalt im Kloster erfahren können, neben ***der religiösen Ausrichtung eines Klosters,*** die selbstverständlich mit zu einem Klosterleben dazu gehört.

Bei meinem Aufenthalt im Gästehaus des Klosters gab es, bezüglich vielleicht eigener vorhandener religiösen Fragen, verschiedene Angebote, die alle ebenfalls völlig freilassend waren. Es gab in dieser Hinsicht keinerlei Beschränkungen oder Vorgaben.
Auch nicht religiöse Menschen, die keiner oder einer anderen religiösen Gemeinschaft angehören, können dieses klösterliche Gästehaus besuchen.

Dieses gewisse „Etwas“, das ich lange suchte, ergab sich somit durch die besondere Weise des achtsamen Umgangs mit dem Leben, welches ich, während meines Aufenthaltes im Gästehaus des Klosters, erfahren durfte.
Sie müssen nicht Nonne oder Mönch werden, um Ihr Leben harmonischer und achtsamer auszurichten! Vielmehr möchte ich darauf aufmerksam machen, dass

Klöster immer auch schon Orte waren, wo es um die Selbstfindung und die bewusste Ausrichtung des Lebens ging.
Das alte Klosterwissen, die alten Klosterweisheiten können uns heute dienen, um wieder ein „erfüllteres“ Leben leben zu können. Die Achtsamkeit, der ganz bewusste „Umgang“ mit unserem Leben aber auch die Achtung vor unserem Leben und dem der anderen Menschen, der anderen Lebewesen, können wir in einigen Klöstern selbst erfahren und miterleben.

Meiner Auffassung nach haben wir durch die Reizüberflutung, durch die zunehmend weniger werdenden menschlichen Bindungen und durch eine mangelnde Achtung und Wertschätzung im Privat- und Berufsleben häufig die „Anbindung“ an unsere Seelenmitte verloren.

Wir haben den Zugang zu unserem „Bauchgefühl“ und zu unserer „inneren Stimme“ verloren und können vielfach nicht mehr wahrnehmen, was sie uns mitteilen möchte.

Durch den äußeren Lärm, durch die äußeren Reize, durch Suchtmittel und den übermäßigen Gebrauch der Medien haben wir „uns“ entweder bereits verloren, oder sind dabei, uns zunehmend zu verlieren.

Kein anderer Mensch, keine Werbeindustrie, keine Fachfrau und kein Fachmann können Ihnen tatsächlich umfassend und vollständig darüber Auskunft erteilen, wie es momentan um Ihre Befindlichkeit bestellt ist. Sie können Sie begleiten und können Ihnen Anregungen geben.

Über Ihre Lebenssituation und Ihre Befindlichkeit können nur Sie selbst sich ein Urteil erlauben, dazu ist kein anderer Mensch berechtigt.

Spannungsausgleich

Ein Mangel an Feinfühligkeit im Bindungskontakt des Kindes zu seinen Bezugspersonen, und einer nicht angemessenen Reaktion der Bezugspersonen auf die Signale des Kindes, können zur Folge haben, dass die inneren Spannungen des kleinen Menschen schon in der Kindheit nicht ausreichend reguliert werden. Innere Spannungen setze ich an dieser Stelle mit innerem Stress gleich. Weil die elterlichen Bezugspersonen nicht in der Lage sind, auf den inneren Stress des heranwachsenden Kindes angemessen zu antworten, kann diese Tatsache weitreichende Folgen fürs gesamte Leben haben:

Im gesamten weiteren Leben wird es diesen Menschen schwerfallen, mit inneren Spannungszuständen umzugehen. In einer gewissen Weise, können diese nicht Sicher-Gebundenen Menschen schneller „unter Druck" geraten, weil sie nie richtig gelernt haben, wie Spannungen abgebaut werden können. Sie werden daher auch schneller unsicher, geraten leichter aus dem seelischen Gleichgewicht und haben weniger „Lösungsstrategien" parat, um den inneren Druck zu minimieren oder abzubauen.

Gesellen sich, neben dieser seelischen Grundverunsicherung, die sich bereits in der Schwangerschaft und frühen Kindheit herausgebildet hat, weitere familiäre und gesellschaftlich Stressfaktoren hinzu, dann können sich sehr schnell seelische Erschöpfungszustände oder andere leibliche und seelische Erkrankungen bemerkbar machen.

Auch im Falle der Spannungsregulierung gilt es, sich individuelle Lösungsstrategien zu erarbeiten. Ob Sie nun über den Sport, oder durch künstlerisches Üben, oder über Entspannungstechniken, oder die Meditation zur Entspannung gelangen, sollte jeweils individuell ausgelotet und bestimmt werden.

Nicht entspannend wirken jedoch Rauschmittel, das Internet, das Fernsehen, der Alkohol oder das Nikotin. Die Spannungszustände werden auf diese Weise „gedeckelt". Der innere bzw. äußere Druck lässt scheinbar nach, in Wirklichkeit nimmt er aber nicht ab, sondern kann gegebenenfalls noch zunehmen.

In dem Abschnitt „achtsame Aufwachmomente", werde ich verschiedene Möglichkeiten des Spannungsausgleiches aufzeigen, so dass Sie sich selber ein Bild darüber machen können, welcher Entspannungsweg für Sie in Frage kommen könnte.

An-Bindung: Lebensrhythmen

Die nicht ausreichend vorhandene Bindungssicherheit hat auch, bezogen auf das rhythmische Erleben, ebenfalls erhebliche Folgen für das weitere Leben. Durch eine nur eingeschränkte „Resonanzfähigkeit" unserer direkten Begleitpersonen in unserer Kindheit, konnten diese sich nicht ausreichend genug auf unsere Bedürfnisse „einschwingen".

Innere auftretende Spannungen im Kleinkind konnten nur unzureichend erkannt und beantwortet werden, ebenso wurden die Rhythmen des kleinen Kindes nicht beachtet. Vielleicht verlief auch zusätzlich der Alltag des Kindes nicht, oder nur wenig „in geregelten Bahnen". Es gab z.B. keine festen Essenszeiten bzw. Schlafenszeiten. Wenn das Kind geweint hat, sind die Reaktionen der Eltern möglicherweise erst zu spät erfolgt, oder blieben gar vollständig aus, weil sie nicht erahnen konnten, „wo der Schuh gerade drückt".

Auch in diesem Falle können die Auswirkungen auf das weitere Leben beträchtlich sein. Da die inneren Spannungszustände und Rhythmen von den Bindungspersonen nicht ausreichend genug beachtet werden, kann es sein, dass der Zugang zu den eigenen Gefühlen – je nach Schweregrad der vorhandenen Situation in der Kindheit – zunehmend unterbunden wird, und die betroffenen Menschen das Gefühl für die eigenen Rhythmen verlieren. Außerdem können sie das Gefühl für die eigenen Belastungsgrenzen nicht mehr vollständig spüren. Dadurch bedingt kann es zusätzlich sein, dass sich die betroffenen Menschen ständig überfordern.

Daher wird es zur Aufrechterhaltung der eigenen Gesundheit wichtig sein, sich mit den Rhythmen zu beschäftigen. Jedoch wird die reine Auseinandersetzung mit den Rhythmen nicht ausreichend sein.

Vielmehr sollten Sie Ihr Leben möglichst rhythmisch ausrichten, indem Sie z.B. Ihrem Tagesablauf eine feste Struktur geben. Weiterhin sollten Sie auch einen emotionalen Zugang zum rhythmischen Geschehen finden.

Im weiteren Verlauf werde ich, aus diesem Grunde, anhand verschiedener uns umgebener Rhythmen und den damit verknüpfbaren Gefühlseindrücken erläutern, wie eine Wieder-Anbindung an bestehende Rhythmen aussehen könnte.

Drei Beispiele für Rhythmen: Der Jahreskreislauf

Im Laufe eines Jahreskreislaufes und den in Europa ausgeprägten vier Jahreszeiten, werden Sie sich, je nach Jahreszeit, in Ihrem seelischen Erleben ganz unterschiedlich fühlen!

Im Winter, in der dunklen Jahreszeit, können sich die Menschen träger fühlen und sie können schneller müde werden.
Morgens, wenn der Wecker klingeln sollte, kann das Aufstehen in der Dunkelheit mühevoller erfolgen als z.B. im Sommer, wenn die Menschen von der Sonne schon früh geweckt werden.

Sich für Außenaktivitäten zu motivieren kann für viele Menschen anstrengender sein. Insgesamt werden sie mehr Zeit zu Hause verbringen, dabei können Kerzen mehr Licht in die Dunkelheit bringen und die Stimmung aufheitern. Sie werden vermutlich mehr bei sich und Ihren Empfindungen sein und weniger offen sein für äußere Eindrücke.
Im Winter haben es die Menschen aus diesem Grunde auch leichter, sich auf inhaltliche Aufgaben zu konzentrieren. Gedanken können klarer gefasst und formuliert werden.

Im Frühling, wenn die Frühblüher sich den Weg durch das häufig noch zugefrorene Erdreich suchen, sehnen wir Menschen die ersten wärmenden Sonnenstrahlen herbei und können es gar nicht mehr abwarten, bis endlich die Tage wieder länger werden und die Vögel zu zwitschern beginnen.
Die Seele möchte endlich wieder „tiefer durchatmen“ und sich freier fühlen können.

Auch werden die meisten Menschen im beginnenden Frühjahr keine Lust mehr haben, die schwere, dunkle Kleidung zu tragen. Sie sollte möglichst rasch der leichteren Sommerbekleidung weichen.

Im Sommer wird sich das Leben der Menschen oftmals ins Freie verlagern.
Bei gutem Wetter können sich die Menschen an den Strand begeben, ein Straßencafé besuchen oder sie können andere nette Dinge unternehmen, soweit die Zeit dafür vorhanden sein sollte.
Uns z.B. inhaltlich auf eine Lektüre zu konzentrieren, wird uns im Sommer sehr viel schwerer fallen, als im Winter. Deswegen lesen viele Menschen eher einen Sommerroman am Strand, als ein tiefgründiges Drama mit mehreren Handlungsebenen.

Im Herbst, da werden viele Früchte reifen und Sie können an den Ständen der Wochenmärkte auf ein reichhaltiges Angebot an Salaten, Früchten und Gemüsen zurückgreifen.
War der vorangegangene Sommer sonnenreich, werden Sie sich im Herbst auf die herannahende Häuslichkeit und die damit einhergehende Gemütlichkeit vielleicht schon freuen.
Die eine oder andere Kerze, bzw. neue Teesorten könnten ausprobiert und gekauft werden.
Die im Sommer weggeräumten Wolldecken werden nun ebenfalls wieder gerne hervorgeholt.

Einhergehend mit dem Jahreslauf, wird sich Ihr seelisches Erleben verändern.
Im Winter werden Sie mit Ihrem Bewusstsein eher bei sich sein, Sie werden sich gut konzentrieren können.
Im Laufe des Frühlings aber wird sich Ihre Wahrnehmung erneut verändern und sich zunehmend in die Weite hinaus erstrecken.
Im Sommer werden Sie sich mit Ihren Sinnen und mit Ihrer Wahrnehmung ganz und gar im Außenumfeld befinden.
Es wird Ihnen schwer fallen, sich auf „Ihr Selbst“ zu konzentrieren.

Mit dem Herbst wird dann die Aufmerksamkeit wieder zu Ihrem Inneren zurückkehren.

Mit dem Rhythmus des Jahreskreislaufes zu leben, kann für den Menschen bedeuten, dass …

- Sie Ihre Nahrungsmittel, die Sie einkaufen, nach dem Angebot der Jahreszeiten ausrichten. Erdbeeren, die im Winter gekauft werden, sind meistens in Gewächshäusern gezüchtet worden, schmecken wässrig und sind in der Regel für teures Geld eingeflogen worden.
  Die Nahrungsmittel, die zu einer bestimmten Zeit reifen und dann zeitnah „an die Frau oder den Mann" gebracht werden, beinhalten oftmals mehr Vitamine und Inhaltsstoffe.
  Zudem schmecken die Früchte und das Gemüse zu den jeweiligen Reifungsphasen am Besten.

- Sie im Winter etwas später aufstehen werden und dafür früher ins Bett gehen werden und Sie auf diese Weise Ihrem vermehrten Schlafbedürfnis nachkommen können.
  Landwirte haben in früheren Jahren ihr Leben auf diese Weise eingerichtet. Vielleicht mag dem „modernen Menschen" diese Variabilität in den Aufsteh- bzw. Zu-Bett-Geh-Zeiten etwas unrealistisch erscheinen?!
  Sie haben aber trotzdem die Möglichkeit und können sich der Jahreszeit ein wenig anpassen, indem Sie Ihrer möglichen Trägheit Rechnung tragen und Ihren Alltag etwas langsamer gestalten. Sie können sich z.B. vornehmen, weniger Verpflichtungen einzugehen.

- Sie Ihre Tätigkeiten, insbesondere die in Ihrer Freizeit, an die entsprechenden Jahreszeiten anpassen.
  Im Sommer sollten Sie viel freie Zeit in der Natur und im Freien verbringen. Sie sollten sich Aktivitäten suchen, die überwiegend im Freien stattfinden, z.B. ein gemeinsames Treffen mit Freunden in einem Café, oder Sport, Spiel und Spaßerlebnisse.

Im Winter dagegen sollten Sie mehr Zeit im häuslichen Umfeld verbringen, gute Bücher lesen, nette Treffen zuhause in der gemütlichen Atmosphäre veranstalten. Dennoch sollte auch für den Winter gelten, was ich bezüglich des Sommers schon ausgeführt habe, dass Sie sich regelmäßig bewegen. Auch bei wolkigem Wetter, wenn die Sonne nicht scheinen sollte, raten Fachleute dazu, sich mindestens zehn Minuten am Tag, z.B. im Freien zu bewegen. Zehn Minuten sollen ausreichen, um möglichen Depressionen vorzubeugen zu können.

– Sie darüber nachsinnen können, dass Sie Ihr eigenes Leben - mit den verschiedenen Lebensaltern - im Verlauf des Jahreskreislaufes erkennen können.

Ihre Kindheit könnte dabei dem Frühling ähneln, die Jugendzeit und die ersten Hälfte Ihres Erwachsenendaseins dem Sommer entsprechen. Mit fortschreitendem Alter werden Sie zuerst den Herbst Ihres Lebens erleben und gegen Ende Ihres Lebens, einen Zustand, der dem Winter gleichen könnte.

Da nach jedem Winter der nächste Frühling nahen wird, und schon überwiegend im Winter die Knospen für die ersten Blüten oder Blätter des kommenden Frühjahres gebildet werden, bleibt es Ihnen überlassen, über eine mögliche Fortsetzung des Jahreskreislaufes, bzw. Ihres Lebens, in anderer Daseinsform, nachzudenken.
In welcher Jahreszeit, befinden Sie sich momentan in Ihrem Leben?
Gab es im Vergleich zu den Jahreszeiten Parallelen zu Ihrem Leben?
Wie können Sie die Kenntnisse aus der Auseinandersetzung mit dem Erleben der Jahreszeiten, für Ihr Leben nutzen?
Gibt es Abläufe in Ihrem Leben, die sie verändern möchten, um sich besser in den Rhythmus des Jahreskreislaufes einzufügen zu können?
Wie ist es Ihnen bisher gelungen, die „Weisheit" des Jahreskreislaufes für Ihr Leben zu nutzen?

Genauso, wie es diesen, an der Natur orientierten Jahreskreislauf gibt, können Sie sich auch am kirchlichen Kreislauf orientieren, oder Sie nutzen beide Kreisläufe zum Rhythmisieren Ihres Lebens. Da ich hierüber über zu wenig fundierte Kenntnisse verfüge, sollten Sie sich, um weitere Orientierungshilfen zum kirchlichen Jahreskreislauf zu erhalten, an die entsprechende Literatur halten oder sich an Fachleute wenden.

Ein-Tag-Rhythmus

Die unterschiedlichen seelischen Stimmungen, die Sie im Laufe eines Jahres, bzw. während der verschiedenen Jahreszeiten erleben können, finden Sie auch, in etwas schwächerer Form, innerhalb eines Tagesablaufes wieder.

Früh am Morgen, bis in den Vormittag hinein, werden Sie eine gewisse Frische in der Natur erleben. Sie werden erst allmählich aufwachen und werden noch nicht genau wissen, was der Tag Ihnen bringen wird. Vermutlich werden Sie die Stimmung in Ihnen und in der Natur noch als unverbraucht erfahren. Es könnte ein Wunsch nach neuen Erfahrungen vorhanden sein?
Der Morgen und Vormittag würde daher dem Frühling entsprechen.

Gegen Mittag werden Sie einen Teil des Tages bereits erlebt haben.
Sie werden bereits Eindrücke und Erlebnisse gesammelt haben, mit denen Sie sich gegebenenfalls noch weiter auseinandersetzen wollen. Manche Erledigungen werden vielleicht bereits hinter Ihnen liegen.
Sie werden einige Aufgaben des Tages teilweise bereits abgeschlossen haben, manche Aufgaben werden Sie nach der Mittagspause (die Sie sich hoffentlich gönnen) fortführen.
Sie stehen sozusagen mittendrin in Ihrem Tagesgeschehen und haben, in diesem Falle, eine Entsprechung zur Jahreszeit des Sommers.

Ganz anders werden Sie am Ende eines Arbeitstages oder eines Abends empfinden. Ihre Arbeit werden Sie abgeschlossen haben. Wiederum andere Anliegen und Aufgaben werden Sie zur Seite gelegt haben, die sie am kommenden Tag fortführen wollen. Sie fühlen sich vielleicht etwas müde und träge und werden den Rest des Tages etwas geruhsamer verbringen. Vielleicht haben Sie Appetit und wollen

möglicherweise etwas essen und zur Ruhe kommen, um sich vielleicht gegen Abend noch einmal mit Freunden treffen zu können.
Sie befinden sich emotional mit Ihrem Empfinden in der Jahreszeit des Herbstes.

Ein netter Mensch in meinem Arbeitsumfeld erklärte mir vor Kurzem, dass es im Herbst noch einmal den einen oder anderen warmen sommerlichen Tag geben würde, damit die Wärme, die aus der Saharawüste kommen würde, den Früchten die letzte Reife geben könne. Das sei von der Natur so eingerichtet worden!
Mir hat dieses Bild gut gefallen!

Am späten Abend werden Sie dann zunehmend schlaffer, die Körperspannung lässt nach und Sie werden schließlich das Bedürfnis haben, ins Bett gehen zu wollen. Je später der Abend werden sollte, desto größere Schwierigkeiten werden Sie haben, die Augen offen zu halten. Irgendwann wird es in Ihrem Umfeld dunkel werden und Sie werden einschlafen.
Sie befinden sich in Ihrem Erleben am späten Abend exemplarisch in der Jahreszeit des Winters.

Schlaf-Wach-Rhythmus

Für Ihre Gesundheit und für Ihr Gefühl des Wohlbefindens, spielt der Schlaf-Wachrhythmus eine ganz besonders wichtige Rolle.
Sie alle kennen das Gefühl, wenn Sie eine Nacht hatten, in der Sie schlecht geschlafen haben, oder Sie zu wenig geschlafen haben (z.B. Mütter und Väter, die ein Neugeborenes auch nachts versorgen müssen), wie sehr der kommende Tag dadurch geprägt und belastet werden kann. Sie werden sehr viel schneller gereizt reagieren, zudem werden Sie nicht so leistungsfähig wie an anderen Tagen sein. Ihre gesamte Umwelt, Ihre Mitmenschen werden Ihnen „in einem etwas anderen Licht“ erscheinen, als würden Sie die Welt wie durch einen Nebelschleier hindurch betrachten.
Sie werden daher als Mensch sowohl auf aktive, als auch entspannte Phasen angewiesen sein. Diese sollten sich in einem ausgewogenen Verhältnis gegenseitig abwechseln.

Sollte eine dieser Phasen jedoch zu kurz kommen, dann könnte es innerhalb Ihrer leiblich-, seelisch- und geistigen Organisation zu einem Ungleichgewicht kommen. Ihren Schlaf- Wachrhythmus sollten Sie aus diesen Gründen einhalten und dafür sorgen, dass Sie ausreichend Schlaf in der Nacht erhalten und Sie, eventuell ergänzend dazu, auch in der Mittagszeit kurz entspannen können.

Die Menschen sind sehr verschieden. Daher sollten Sie sich für mehrere Tage oder auch Wochen selbst beobachten und herausfinden, wie viel Schlaf Sie benötigen, um Ihre Alltagsaufgaben gut bewältigen zu können.
Sind Sie eher ein Mensch, der viel Schlaf benötigt oder eher weniger? Welche Einstellung haben Sie zum Mittagsschlaf?

Wenn Erschöpfungszustände oder leibliche Erkrankungen entstehen, sehe ich persönlich diese als Ausdruck eines zuvor ins Ungleichgewicht geratenen seelischen Befindens.
Die zuvor eher leiseren Signale der Seele wurden entweder überhört oder verdrängt, mit der Folge, dass Ihrem Leib zunehmend der „Boden unter den Füßen weggezogen wurde“ und „ihm keine andere Wahl blieb“, als schwach zu werden oder zu erkranken.

Daher ist aufgrund dieser Zusammenhänge, eine Heilung und Gesundung des ganzen Menschen (bestehend aus Leib, Seele, Geist und Ihrem Ich), nur über die „Wiedereingliederung“ des Menschen an die vorhandenen Lebensrhythmen möglich!

Wie Sie sicherlich an den drei Beschreibungen zu den Rhythmen erkennen konnten, lassen sich unterschiedliche Aspekte herausarbeiten.
Anhand des Jahreskreislaufes konnte aufgezeigt werden, dass sich unsere Wahrnehmung innerhalb des Jahreskreislaufes verändern kann, die Menschen mit Ihren Sinnen mal mehr auf Ihr Inneres konzentriert sind und dann wiederum

mehr auf das äußere Umfeld. Auch die Konzentrationsfähigkeit verändert sich im Laufe des Jahres.

Über die Darstellung des Ein-Tag-Rhythmus sollte verdeutlicht werden, dass Parallelen zwischen dem „Ein-Tag-Rhythmus“ mit dem des „Jahreskreislaufes“ bestehen, und die beiden Rhythmen sich untereinander in einem „Resonanzverhälnis“ befinden. Sie schwingen miteinander. Beide Rhythmen bieten zudem die Möglichkeit, über das Erleben, sich anhand der unterschiedlich vorhandenen Phasen, mit den eigenen Lebensaltern zu beschäftigen.
Das Einhalten und Abstimmen des Schlaf-Wach-Rhythmus mit den eigenen Bedürfnissen ist für den Erhalt der Gesundheit unbedingt ratsam und empfehlenswert.

Daher kann die Auseinandersetzung mit den, in der Natur vorkommenden und im eigenen Leben vorhandenen Rhythmen, die Möglichkeit bieten, sich der eigenen Wünsche und Bedürfnisse gewahr zu werden. Indem Sie sich mit den Rhythmen beschäftigen, können Sie sich Ihren zuvor in der Kindheit unterdrückten Gefühlen wieder zuwenden. Sie werden auf diese Weise die Möglichkeit bekommen, in sich hineinzuhorchen und werden in der Zuordnung Ihrer Gefühle und Ihrer vorhandenen Grundbedürfnisse zunehmend sicherer.
Je mehr Sie sich spüren werden, desto besser werden Sie auch die eigenen Grenzen wieder spüren. Es wird Ihnen dann immer besser gelingen, sich nicht mehr mit Ihren Kräften zu verausgaben. Sie werden einen besseren Kontakt zu Ihrem Bauchgefühl bekommen und werden rechtzeitig „die Bremse ziehen“ können, wenn die Gefahr einer Verausgabung vorhanden sein sollte.

„Achtsame Aufwachmomente“

Bei den achtsamen Aufwachmomenten handelt es sich um eine eigene Wortschöpfung.
Aus der eigenen Erfahrung ist mir bekannt, dass ein oder zwei oder mehrere Seminare in der Regel nicht ausreichen werden, um die vorhandenen Strukturen aus der Kindheit nachhaltig verändern zu können!

Wie schon mehrfach angedeutet und erwähnt, wird eine Verwandlung nur über das Spüren der eigenen Gefühle und Bedürfnisse möglich sein. Zudem sollte der menschliche Austausch gepflegt werden, das eigene Leben sollte rhythmisch ausgerichtet werden, es sollte einen festen, strukturierten Tagesablauf geben, und Anspannung und Entspannung sollten in einem ausgeglichenen Verhältnis vorhanden sein, auch die Bewegung sollte im Lebensalltag eine Rolle spielen.

Doch alle guten Vorsätze nutzen nichts, wenn Sie nur gedanklich vollzogen werden und nicht tatsächlich umgesetzt werden.
Sicherlich haben Sie auch schon einmal die Erfahrung gemacht, dass Sie sich zu Beginn eines Jahres einen Vorsatz vorgenommen haben, Sie Ihr Leben, gemäß dieses Vorsatzes, auch verändern konnten, Sie aber nach einer gewissen Zeit, wieder in alte Verhaltensweisen zurückgefallen sind. Alte, festgefahrenen, familiäre Strukturen können leider nur sehr schwer verändert werden.

Wie schon die Beispielen zu den Rhythmen gezeigt haben, lassen sich für viele menschliche Fragen Antworten in der Natur und beim Menschen selbst finden. Auch in diesem Falle hat die Bindungsforschung eine wunderbare Entdeckung gemacht.
Bezogen auf die Bedürfnislage des Kindes und bezogen auf die Resonanz zwischen der Mutter und ihrem Kind schreibt Eva Rass in Ihrem bereits mehrfach erwähnten Buch: „Bindung und Sicherheit im Lebenslauf": „Das Ziel dieser Beziehung (Mutter-Kind) ist jedoch nicht permanente Übereinstimmung. Vielmehr muss es zwischen dem Baby und seinen primären Bezugspersonen auch immer wieder Momente von Dissonanzen geben. Jedoch dürfen diese Zustände nicht zu lange dauern ... Wenn sich die Wünsche des Kleinkindes fast immer, wie von Zauberhand, erfüllen würden, dann hätte das kleine Kind keine Chance, sich dieser Bedürfnisse bewusst zu werden und einen Umgang damit zu erlernen." S. 77/78

Übertragen auf die Frage nach einer langfristigen Veränderung, Ihrer in der Kindheit erworbenen Strukturen, lassen sich die Erkenntnisse aus der Bindungs-und Rhythmusforschung gut nutzen.

Die alten Muster aus der Kindheit sind unbewusst und sehr früh in der Entwicklung

entstanden. Die familiären Strukturen werden Ihnen in all den Jahren des Heranwachsens zur Gewohnheit geworden sein, und sie können nur über die bewusste Auseinandersetzung erweitert und erneuert werden. Ein einziges Seminar oder ein einzelner Vorsatz werden nicht ausreichend sein, um nachhaltige Veränderungen bewirken zu können. Vielmehr sollte die Anregung bezüglich kleiner auftretender Dissonanzen im Resonanzverhalten zwischen Mutter und Kind von Ihnen als „Schlüssel-Information" genutzt werden.
Das Zitat lässt deutlich werden, dass Bewusstsein nur in den Momenten entstehen kann, in denen die Rhythmik und das gemeinsame Schwingen kurzzeitig unterbrochen werden. Unregelmäßig auftretende kleine Dissonanzen werden zu einer Unterbrechung des Gewohnten führen und können dabei zugleich für eine augenblickliche Wachheit sorgen.

Bezogen auf das menschliche Verhalten werden sich nachhaltig wirksame Veränderungen nur dann realisieren lassen, wenn die Verhaltensmuster durch tägliche, kleine Unterbrechungen, den sogenannten „achtsamen Aufwachmomenten", „gestört" werden.

Bevor Sie sich einen solchen individuellen „achtsamen Aufwachmoment" suchen können, sollten Sie sich in einem ***ersten Schritt*** erst einmal klar darüber werden, ob Ihr Verhalten bereits Einseitigkeiten aufweist, d.h. Sie der Gefahr ausgesetzt sein könnten, aus den rhythmischen Prozessen des Lebens herauszufallen. In mehreren Schritten sollten Sie bei sich im Verhalten vorhandene Einseitigkeiten in Ihrem Leben heraussuchen und einordnen können.

In einem ***zweiten Schritt*** sollten Sie wiederum Ihr einseitig vorhandenes Verhalten in eine der drei Kategorien einordnen:

1. Starre Zustände
2. Arrhythmische Zustände
3. Mischform von arrhythmischen und starren Zuständen.

In einem ***dritten Schritt*** wird der Gegenpol zu der Einseitigkeit definiert und festgehalten.

In einem ***vierten Schritt*** sollte die Auswahl einer „Gegenmaßnahme“, bzw. eines „Gegengewichtes“, getroffen werden und Verhaltensänderungen eingeübt werden.
In einem ***fünften, abschließenden Schritt*** sollte der persönliche achtsame Aufwachmoment gesucht und ebenfalls eingeübt (täglich) werden.

Mit Hilfe dieser Selbst-Regulation soll es Ihnen ermöglicht werden, Ihr Leben bewusst und selbstbestimmt, jedoch auf die sich jeweils verändernden Lebensbedingungen abgestimmt, leben zu können.

Leifaden zur Selbst-Regulation

1. Wie schon erwähnt, beschäftigen Sie sich erneut vertiefend mit Ihrem eigenen Leben.
Sie überprüfen Ihr Leben bezüglich vorhandener Einseitigkeiten. Fühlen Sie sich ausgeglichen? Finden Sie ein gesundes Gleichgewicht zwischen den aktiven Zeiten und jenen, in denen Sie sich entspannen können?
Arbeiten Sie zu viel? Treiben Sie genügend Sport, ernähren Sie sich gesund?

Vor allen Dingen ist es wichtig, dass Sie diese Fragen für sich klären. Es kann Ihnen kein Mensch wirklich sagen, ob Sie zu viel arbeiten. Wie Sie schon mehrfach in diesem Buch erfahren konnten, sind Sie selbst die Fachfrau oder der Fachmann für Ihr Leben.
Horchen Sie in sich hinein und seien Sie vor allen Dingen ehrlich zu sich selbst, ansonsten können Sie keine wirklichen Veränderungen in Ihrem Leben bewirken. Notieren Sie sich möglichst Ihre Einseitigkeiten, das verschafft Ihnen eine bessere Klarheit über Ihr Leben!

2. Nachdem Sie sich stichwortartig die Bereiche festgehalten haben, in denen Ihr Leben Einseitigkeiten aufweist, können Sie sich nun der Zuordnung dieser Einseitigkeiten zuwenden! Ordnen Sie Ihre Einseitigkeiten in eine der drei Kategorien ein:

- Nimmt Ihre Einseitigkeit eine eher starre Form an, indem Sie das Gefühl haben, nur noch funktionieren zu müssen, Sie z.B. in Ihrem Alltag eine Aufgabe nach der

anderen zu erledigen haben und Sie den Bezug zu den eigenen Empfindungen dadurch verloren haben?
Oder haben Sie den Eindruck, dass Ihr Leben nahezu wie im Takt verläuft und Sie den Schwung und die Beweglichkeit verloren haben?

- Vielleicht haben Sie aber auch den Überblick und die Struktur in Ihrem Leben verloren! Auch bei den mehr chaotischen Zuständen können Sie den Kontakt zu sich selbst zunehmend verlieren. In diesem Falle haben Sie keine wirkliche Ahnung mehr, wo Sie sich gerade in Ihrem Leben befinden, wie Ihre Lebensziele aussehen, was Sie bereits bewältigt und erreicht haben und welche Bereiche es in Ihrem Leben gibt, die für Sie wichtig oder eher unwichtig sind.
- Eventuell gehören Sie aber auch zu der Gruppe der Menschen, bei denen sowohl starre als auch arrhythmische Lebenszustände auftreten. Es fehlt der ausreichende Kontakt zu den eigenen inneren und äußeren Wahrnehmungen.

3. Starre und arrhythmische Zustände innerhalb des eigenen Lebens können, wenn sie kurzzeitig auftreten, ausgeglichen und reguliert werden. Sollten sie aber über einen längeren Zeitraum auftreten, können sie langfristig gesehen zu Erschöpfungszuständen und seelischen bzw. physischen Erkrankungen führen.
Daher sollte es das Ziel jedes einzelnen Menschen sein, zur Aufrechterhaltung und dem Erhalt der eigenen Gesundheit, für einen individuellen Ausgleich zu sorgen. Nachdem Sie Ihre Einseitigkeiten begrifflich festgehalten haben und sie Ihnen nun bewusst geworden sind, sollten Sie definieren, in welche Richtung Sie sich bewegen wollen, damit „Sie Ihr Leben wieder in Schwung bringen können".
Sind Sie z.B. vielleicht ein überaus aktiver Mensch und haben in der Vergangenheit zu wenig auf Ihr Ruhebedürfnis geachtet, bzw. konnten es nur eingeschränkt oder gar nicht mehr spüren?! Dann sollten Sie neben den Begriff der zu stark ausgeprägten Aktivität, den „Gegenbegriff" der Ruhe daneben setzen. Das zukünftige Ziel in Ihrem Leben könnte daher sein, dass Sie zur Ruhe finden möchten.
Eine weitere Möglichkeit könnte darin bestehen, dass Sie z.B. keinen Sport gemacht haben. Sie werden nun langsam älter und merken, dass Ihnen die Bewegung und der Spannungsausgleich in Ihrem Leben fehlen. Daher könnte ein Impuls darin liegen,

dass Sie in Zukunft einer regelmäßigen sportlichen Aktivität nachgehen werden. Sie sollten sich aber etwas suchen, was Ihnen wirklich Freude macht (ein täglicher Spaziergang von 10 min. kann schon ausreichend sein), weil sonst die Gefahr bestehen könnte, dass Sie schnell wieder in Ihr altes „Muster" zurückfallen werden.

4. Einseitigkeiten zu erkennen und sich zu überlegen, welche „Gegenbewegungen" Sie in Ihrem Leben benötigen, um wieder in die Rhythmen zurück zu finden, ist ein wichtiger Schritt in die richtige Richtung. Doch alle Überlegungen werden nicht ausreichen, um in die „Lebensspur" zu kommen.
Es ist ebenso wichtig, dass Sie Ihr Leben selbst in die Hand nehmen und mit der Umsetzung der Erkenntnisse beginnen. Fangen Sie mit einer kleinen Veränderung an, die Sie gut in Ihren bisherigen Lebensalltag einbinden können. Sich „Riesenziele" zu setzen halte ich nicht für sinnvoll, weil wir als Menschen oft nicht die Kraft haben, diese langfristig einzuhalten. Daher sollten Sie sich auf kleine Veränderungen in Ihrem Leben beschränken.
Diese sollten Sie aber vor allen Dingen einhalten und regelmäßig durchführen. Neue, tragende Gewohnheiten lassen sich sehr schwer in bestehende, alte Strukturen einbauen! Aus diesem Grunde, sollten Sie die Veränderungen gut planen und sie sollten auf Ihre eigenen Bedürfnisse abgestimmt sein.

Kleine Schritte und die regelmäßige Wiederholung dieser Schritte - möglichst noch zur selben Zeit - können Lebensmuster verändern.

5. Da sich neue Gewohnheiten erst ganz allmählich in bestehende Lebensstrukturen einbauen lassen, und die Macht der alten Gewohnheiten sehr groß ist, sollten Sie sich durch die von mir benannten „achtsamen Aufwachmomente" kleine tägliche „Bewusstseinsinseln" schaffen. Die „achtsamen Aufwachmomente" übernehmen dabei die Funktion der im letzten Zitat beschriebenen „Dissonanzen" in der Mutter-Kind-Beziehung.
Sie sollen Sie zu einer bewussten Wahrnehmung Ihrer momentanen eigenen Befindlichkeit führen. „Achtsame Aufwachmomente" sollen Sie mit sich und Ihren eigenen Gefühlen in Verbindung bringen. Ihnen soll bewusst werden, wie Ihre Befindlichkeit ist.

Sie sollen zudem an die Veränderungen erinnert werden, die Sie sich vorgenommen haben, an Ihre Übungen.
Außerdem sollen Sie sich kurz vergegenwärtigen, was Sie sich für diesen Tag noch vorgenommen haben. Stimmen die jetzigen Voraussetzungen noch mit denen, die zu Beginn des Tages vorhanden waren, überein, oder müssen Sie Ihr Verhalten gegebenenfalls noch verändern, um für ein besseres Wohlbefinden zu sorgen?

Über die „Achtsamen Aufwachmomente" sollen Sie sich kurzzeitig über Ihre Situation bewusst werden, um mögliche Veränderungen einleiten zu können.
Es sind kurze, besinnliche Momente innerhalb Ihres Tagesablaufes.
Sie werden zusätzlich zu den kleinen, individuellen Veränderungen eingeübt.

Jedoch haben „achtsame Aufwachmomente" nicht nur Gültigkeit bezüglich Ihrer Tagesverfassung, sie können Sie auch zur Bewusstmachung Ihrer Lebenssituation nutzen, ebenso in Umbruchsituation, bei Jahresübergängen, zur Vergegenwärtigung des letzten Monats usw.. „Achtsame Aufwachmomente" lassen sich generell zur Klärung einer Situation einsetzen. Sie dienen der Orientierung hinsichtlich der eigenen Lebenszusammenhänge und schaffen eine verstärkte Wahrnehmung.

„Achtsame Aufwachmomente" fokussieren Bereiche Ihres Lebens.

Nachdem Sie sich vermutlich bereits für das Einüben einer persönlichen Veränderung entschieden haben, soll es im Weiteren nun um die Auswahl eines individuellen „achtsamen Aufwachmomentes" gehen.
Damit Sie angeregt werden, sich erneut eine ganz individuelle „Bewusstseinsinsel" zu suchen, werde ich im weiteren Verlauf einige Beispiele für mögliche „achtsame Aufwachmomente" geben. Diese können Sie gern für sich aufgreifen, Sie können Sie aber auch abwandeln, oder sich selbst –auf Ihr Leben abgestimmte Aufwachmomente- suchen. Die Suche eines persönlichen Aufwachmomentes soll dabei wiederum die Grundlage für die spätere Umsetzung bilden!

Eine Auswahl an „achtsamen Aufwachmomenten“

Sie sollen nun die Möglichkeit erhalten, sich aus einer Anzahl an Aufwachmomenten, jene herauszusuchen, die für Sie realisierbar sind und sich in Ihren Lebensalltag integrieren lassen.

1. Morgendliche Vorschau, abendliche Rückschau

Hierbei handelt es sich um eine Übung, mit der Sie den Tag beginnen und den Abend abschließen können.
Nachdem Sie morgens aufgestanden sind, können Sie sich an einen Tisch setzen und kurz darüber nachsinnen, wie Ihre Nacht verlaufen ist. Haben Sie vielleicht etwas geträumt? Vielleicht können Sie auch Bezüge herstellen zwischen dem Inhalt Ihres Traumes und Ihrer derzeitigen Lebenssituation. Meistens werden nämlich Erlebnisse des Tages oder auch ungeklärte Lebensfragen mit in die Nacht hinein genommen und weiter verarbeitet.

Sie können aber nach dem Aufwachen auch im Bett liegen bleiben und ebenso über Ihre Träume oder über Ihre Vorhaben dieses Tages nachdenken. Machen Sie sich klar, was Sie sich für diesen Tag vornehmen werden.
Falls Sie Termine haben sollten oder Verabredungen mit anderen Menschen, dann überlegen Sie sich, worauf Sie in diesen Gesprächen achten wollen, welche Bedeutung für Sie die einzelnen Tagespunkte haben werden.

Am Abend können Sie sich erneut hinsetzen oder Sie gehen eventuell noch eine Runde spazieren oder überlegen vor dem Einschlafen, was für Erlebnisse Sie an diesem Tag gehabt haben. Sie sollten insbesondere darauf achten, welche positiven Erfahrungen Sie an diesem Tag gemacht haben.
Welcher Mensch hat Sie angelächelt, worüber haben Sie gelacht, was haben Sie Schmackhaftes gegessen, oder was hat Sie sonst noch an diesem Tag „begeistert“. Führen Sie sich diese mit positiven Emotionen verknüpften Erinnerungsinhalte vor Augen. Ihre Stimmung hellt sich dadurch auf, zudem sorgen positive „Erinnerungsspuren“ in den Gehirnen der Menschen für neue „Vernetzungen“. Diese kleine Übung kann Ihren Alltag bereichern, und durch Ihren positiven Fokus auf Ihr

Tagesgeschehen kann Ihr Befinden nachhaltig gestärkt werden.

2. Besinnung auf die „Stimmen der Natur“

Für Menschen, die in ihrem Alltag z.B. zu viele Verpflichtungen haben, ständig wechselnden Eindrücken und Reizen ausgesetzt sind, empfiehlt es sich, den Tagesablauf durch kurze Besinnungsphasen in der Natur zu unterbrechen. Indem Sie sich ein „lauschiges Plätzchen“ in der Natur, an einem See, am hauseigenen Teich, im Wald oder in der Wüste etc. suchen und sich den Natureindrücken zuwenden, wird es Ihnen gelingen, die Eintönigkeit und Überreizung zu unterbrechen.
Für diese Übung reichen 10-15 Minuten aus.

Suchen Sie sich einen Ort in der Natur, der sich möglichst in Ihrer Nähe befindet, damit der Aufwand für Sie nicht zu groß wird.
Setzen Sie sich auf eine Decke, einen Schaukel- oder Gartenstuhl, vielleicht besitzen Sie auch eine Hängematte, in die Sie sich hineinlegen können.
Dann überlegen Sie sich, auf welchen Natureindruck Sie sich konzentrieren und einlassen möchten. Es können z. B. die Vogelstimmen sein, die Bewegung der Vögel in der Natur, die Libellen am Teich, die Wolkenbewegung am Himmel oder das Rauschen des Windes.
Vielleicht haben Sie noch eine andere Idee?!

Ich weiß nicht, wie es Ihnen mit diesem „achtsamen Aufwachmoment“ gehen wird. Ich werde nach kürzester Zeit in der Natur ruhiger und kann die Entspannung am eigenen Leibe, spüren.
Auf diese Weise, wird es Ihnen gelingen, Ihre Wahrnehmungen an Ihr Seeleninneres zu koppeln.

3. Konzentration auf ein Gedicht, einen Text oder eine Bibelstelle.

Falls Sie zu den Menschen gehören sollten, die sich nicht so gern in der Natur aufhalten, können Sie eine ähnliche Wirkweise erleben, wenn Sie sich, anstelle eines

Natureindruckes, auf eine Textstelle konzentrieren. Wieder werden Sie, durch die Bündelung Ihrer Gedankentätigkeit an ein Geschehen, ruhiger und können innerlich durchatmen. Dadurch, dass Sie Ihre Wahrnehmung nur auf einen „Aspekt" ausrichten, wird Ihre Seele aus der permanenten „Reizüberflutung" herausgeholt.

Sie können sich in unterschiedlichster Art und Weise mit einer Textstelle beschäftigen.
Ich gebe Ihnen hier nur zwei Möglichkeiten mit „auf Ihren Weg":

1. Sie lesen die Textstelle und versuchen den Inhalt dieser Stelle zu verstehen oder zu begreifen.
Was wollte der Autor oder die Autorin z.B. mit diesem Gedicht zum Ausdruck bringen?
Welche Gefühle und Gedanken werden in Ihrem Inneren dadurch hervorgerufen? Schreiben Sie sich diese ruhig auf!

2. Lesen Sie den von Ihnen ausgewählten Text erneut und beobachten Sie dabei, welche Bilder und Gefühle, welche Erinnerungsspuren Ihnen aus Ihrem bisherigen Leben, vors „innere Auge" rücken. Halten Sie auch diese – sofern Sie Ihr Buch weiter gestalten möchten- fest!

Vielleicht wollen Sie die eine oder andere Erinnerungsspur auch auf anderer Weise in Ihrem Buch „verewigen":
Vielleicht gibt es Gegenstände, die zu Ihren vergangenen Erlebnissen passen. Diese können Sie dort ebenfalls einkleben.
Ihrem Einfallsreichtum sind in dieser Hinsicht keine Grenzen gesetzt, viel Freude dabei!

Neben der Konzentration auf ein Naturgeschehen oder auf eine Textstelle, können Sie sich auch der Musik näher zuwenden. Sie können sich ein Lied heraussuchen, das Ihnen gefällt und welches in Ihnen Bilder oder Empfindungen wachrufen wird.

4. Entspannung und Unterbrechung der Alltagsroutine mit Hilfe des Elementes Wasser

Mit dem Element Wasser können Sie sich sehr vielfältiger beschäftigen!
Sie können sich z.B. in die Badewanne legen, um im Wasser zu baden und um sich gleichzeitig dabei zu entspannen.

Sie können ebenso Ihre Bahnen in einem Schwimmbad schwimmen, sie können auf dem Wasser segeln oder sich mit Hilfe des Wassers „achtsam" duschen.
Wenn Sie zu der Gruppe der Menschen gehören sollten, die Ihr Leben zu starr und unbeweglich erleben, kann Wasser Sie in Bewegung versetzen.
Beim Schwimmen z.B. wird Ihre Muskulatur durch das Wasser gestärkt und besser durchblutet. Schwimmen lockert den Menschen auf!

Dagegen kann Sie, zum Abschluss des Tages, ein entspanntes Liegen in der Badewanne beruhigen. Eine entspannende Badesubstanz unterstützt das „Loslassen" und ermöglicht es Ihnen, den angespannten Leib zu harmonisieren. Gleichzeitig kommt auch Ihre Seele zur Ruhe und Sie werden viel besser einschlafen können.
Bei einer Fortbildung bekam ich eine Karte geschenkt, auf der das „achtsame Duschen" beschrieben wurde. Für Menschen, die keine eigene Badewanne besitzen, besteht über das „achtsame Duschen" dennoch die Möglichkeit, sich seelisch zu kräftigen, den eigenen Leib zu reinigen, um sich dadurch von den „Alltagslasten" zu befreien.

Nun werden Sie sich sicherlich fragen, wie sich „achtsames Duschen" praktizieren lässt. Die Frage kann ich Ihnen beantworten:
Sie duschen wie gewöhnlich. Die ganzen Handhabungen, wie saubere Kleidung zurecht legen, das Duschhandtuch griffbereit halten, sich ein angenehmes Duschmittel wählen, das gut duftet und auf der Haut angenehm zu spüren ist, all diese einzelnen Schritte vollziehen Sie viel langsamer und behutsamer als sonst.

5. Eine Speise achtsam zubereiten und verköstigen

Mit der sorgfältigen Zubereitung von Speisen, vielleicht im Vorfeld eines gemeinsamen Essens mit Freunden, können „achtsame Köchinnen und Köche" mitunter einen ganzen Tag lang oder über mehrere Tage lang beschäftigt sein.
Mir berichtete ein Freund, dass er das Herrichten von Speisen zu den schönsten und angenehmsten Momenten seines Lebens zählen würde. Während der Zubereitung des Essens könne er sehr gut entspannen, und er fühle sich anschließend glücklich und ausgeglichen.

Ebenso kann die Einnahme einer Speise als „achtsame Unterbrechung" des Gewohnten dienen.
Während meiner Klosterwoche gab es die Möglichkeit, in Stille zu speisen oder in der Gesellschaft anderer Menschen.

Beim Speisen in der Stille werden ebenfalls Ihre Empfindungen mit Ihrem seelischen Erleben zusammengeführt. Indem Sie sich ganz und gar z.B. auf die unterschiedlichsten Geschmackswahrnehmungen, bzw. den Duft der Speisen, das Aussehen der liebevoll zubereiteten Nahrungsmittel oder auf die wohlige Wärme, die beim Verköstigen entstehen kann, besinnen, werden Sie ruhiger, und Sie fühlen sich gleichzeitig zufriedener und ausgewogener.

6. Einen liebgewonnenen Text sorgsam mit Pinsel, Feder oder Füller abschreiben.

In einem Kalligraphie-Kurs, bei einem bekannten japanischen Zen-Meister, habe ich die wohltuende und angenehme Wirkung der Schriftkunst erlebt. Auf der einen Seite können die Menschen durch die künstlerische Betätigung sofort seelisch „berührt" werden. Außerdem kann die Konzentration auf die Schriftzeichen ordnend wirken. Alle zuvor noch störenden Gedanken im Kopf werden allmählich durch das künstlerische Schaffen ihre Wirkung verlieren.

Falls Sie Freude am Experimentieren haben sollten, dann greifen Sie zu Pinsel und schwarzer Farbe und schreiben einen Text sorgfältig ab. Beobachten Sie die Wirkung dieser Tätigkeit auf Ihr seelisches - und leibliches Befinden.
Fühlen Sie sich entspannter nach dem Schreiben oder eher wacher in Ihren Sinneswahrnehmungen? Beschreiben Sie Ihr individuelles Empfinden. Vielleicht führen Sie dieses „Experiment" auch mit mehreren Menschen durch und vergleichen Ihre jeweiligen Eindrücke miteinander.

7. Bewegung

In der heutigen Zeit, in der viele Menschen Ihre Arbeiten und Tätigkeiten im Sitzen vollbringen, können die körperliche Betätigungen zu kurz kommen. Die Muskeln werden mit zunehmendem Alter und unzureichender Bewegung ihre Stützkraft verlieren, und es können massive, leibliche Beschwerden in Folge auftreten. Rückenbeschwerden hat sicherlich schon jede/er Leserin/Leser bereits einmal erlebt! Sich regelmäßig zu bewegen, dient daher dem Erhalt der Gesundheit und Ihres Wohlbefindens.
Wie Sie sich bewegen wollen, das bleibt Ihnen überlassen:
Ein Muskelaufbautraining oder ein leichtes und regelmäßiges Laufen, Walken oder im klassischen Sinne das Wandern, bzw. auch sämtliche Ballsportarten, werden dafür sorgen, dass Ihre Muskulatur trainiert und durchblutet wird und Sie Ihre Anspannungen verlieren werden.

Achten sollten Sie jedoch auf alle Fälle darauf, dass die Bewegungsart, die Sie sich aussuchen werden, Ihre Muskulatur nicht nur einseitig trainiert. Beim „Nordic Walking" und beim Schwimmen können alle Muskeln gleichwertig trainiert und gestärkt werden.
Sportarten, bei denen nur bestimmte Muskelpartien beansprucht werden, können dann mitunter zu weiteren körperlichen Beschwerden führen, weil die einseitige Ausrichtung Ihres Trainings eine leiblichen Unausgewogenheit zur Folge haben kann. Es reichen 20.- 25. Minuten täglich, um Gutes für Ihren Kreislauf und Ihren Bewegungsleib, bzw. Ihre Muskulatur zu bewirken.

8. Künstlerische Betätigungen

Sämtliche künstlerische Tätigkeiten (Malen, Zeichnen, Bildhauern, Schnitzen, Töpfern, u.a.) können als „achtsamer Aufwachmoment“ genutzt werden, zur Entspannung oder zur Fokussierung.
Da das künstlerische Arbeiten aber häufig mit einem größeren Zeitaufwand verbunden ist, kann diese Art des „achtsamen Aufwachmomentes“ nicht unbedingt zur Bewusstmachung des Tagesgeschehens genutzt werden. Vielmehr können Lebenssituationen, besondere Momente oder z.B. auch Monatsstimmungen zur Darstellung gebracht werden. Dabei kann das Künstlerische dazu dienen, innere Erlebnisse äußerlich sichtbar werden zu lassen. Indem die Künstler/innen sich ihre Kunstwerke anschauen, können meistens die eigenen, inneren Geschehnisse besser reflektiert und verarbeitet werden.

9. Entspannungsübungen und Meditation

Autogenes Training, Mantren wiederholen, Yogaübungen, Progressive Muskelentspannung, Meditation (sich auf einen bestimmten Inhalt zu konzentrieren), spezielle Atemübungen, usw.: Alle Formen an Entspannungsübungen und Meditationen können als „achtsamer Aufwachmoment“ dienen. Vor allen Dingen lassen sich viele dieser zuvor genannten Übungen gut auch außerhalb des häuslichen Umfeldes ausüben.

Sie können auch zur kurzfristigen Unterbrechung des Alltags genutzt werden und lassen sich aus diesen Gründen gut in der täglichen Reflexion einsetzen.

Die bisherigen neun „achtsamen Aufwachmomente“ sollten Ihnen als Anregung dienen und Ihnen aufzeigen, wie Sie einer „Überfrachtung“ und „Überlastung“, sowie einer zu gleichförmigen, starren oder arrhythmischen Alltagssituation, „aus dem Weg gehen können“. Zudem werden Sie durch diese gezielt gesetzten Aufwachmomente zu Meisterinnen und Meistern Ihres eigenen Lebens und können einer seelisch auftretenden Unausgewogenheit rasch entgegenwirken.

Nachdem ich jetzt, fast am Ende meiner Ausführungen, zu möglichen „achtsamen Aufwachmomenten“ angekommen bin, möchte ich Ihnen am Ende dieses Abschnittes noch einen etwas „anderen Aufwachmoment“ nahe legen.

10. Jahresrückblick und Vorschau auf das kommende Jahr

In gewisser Weise handelt es sich bei einem Jahresrückblick und einem Vorausblick, auch um einen „achtsamen Aufwachmoment “, bzw. um eine „Bewusstseinsinsel“ des Alltags.
Diese sollte, kurz vor oder nach dem Jahreswechsel, erfolgen. In dieser Phase des Jahres haben viele Menschen Urlaub und können sich ihre Zeit etwas freier einteilen.

Zu meinen Vorstellungen von einem Jahresrückblick gehören u.a. wichtige Erlebnisse des vergangenen Jahres.
Was haben Sie Wichtiges und Einschneidendes erlebt, mit welchen Menschen waren Sie gern zusammen und was ist Ihnen besonders gut gelungen in diesem zurückliegenden Jahr? (Zu den Erlebnissen des letzten Jahres, für die ich eine ganze Heftseite nutze, schreibe ich auf die dann folgende Seite meine Wünsche und Vorstellungen für das nächste Jahr)

Es geht hier bei diesen Aufzeichnungen nicht um die „üblichen Vorhaben“, wie z.B. die des Abnehmens oder Nicht-Mehr-Rauchen-Wollens, usw..
Vielmehr soll es um die „innere Ausrichtung“ des Lebens gehen:
Mögliche Fragen könnten lauten:
Wie ist Ihr Leben bisher verlaufen?
Wie können Sie Ihr Leben selbst in die Hand nehmen?
Welche Ausrichtung möchten Sie Ihrem Leben zukünftig geben?

Ihnen soll es dabei selbst überlassen bleiben, ob Sie diese Fragen eher kurz oder ausführlich behandeln wollen.

Welchen „achtsamen Aufwachmoment" wollen Sie in Ihren Alltag einbauen?
Falls Sie meine Anregungen hierzu aufgreifen möchten, beginnen Sie erst einmal mit einem gezielt gewählten täglichen „achtsamen Aufwachmoment", der Ihnen zur Unterbrechung und Neujustierung Ihres Alltages dienen soll.
Probieren Sie vielleicht auch erst einmal verschiedene „achtsame Aufwachmomente" aus, bevor Sie sich für Ihre spezielle Übung entscheiden. Sie können auch Ihre eigene „achtsame Aufwachübung" entwickeln und diese in Ihr Leben einbauen. Machen Sie sich zudem klar, ob ein Jahresrückblick- bzw. Vorschau-Buch für Sie auch in Frage kommen könnte.

Nun hoffe ich, dass Sie neben einer kleinen Veränderung, auch einen passenden „achtsamen Aufwachmoment" finden konnten und diesen bereits in Ihr Leben und in Ihren Alltag integrieren konnten?!
Ich wünsche Ihnen auf alle Fälle viel Freude an den neuen „Bausteinen" in Ihrem Leben und eine zunehmende Selbstregulationsfähigkeit, sowie eine Verbindung zu Ihren eigenen Empfindungen!

Falsche Wege

Tiefseetauchen als Fahrt ins Bodenlose,
verzweifelte Suche nach Bodenschätzen.
Wie ein Fischer im trüben Wasser,
bleiben die Netze leer!

Richtige Wege

Auftauchen und die Route ändern!
Anstatt zu Tauchen
steig ich ein ins Boot
und setze Segel.

Der Wind und ich wir werden eins,
auch wenn die Ohnmacht mir als Bö´
zu Beginn der Fahrt ins Segel pfeift.

Es reift mit jeder Meile,
die Ruh´ und die Gelassenheit.
Tief spüre ich im Innern,
dass ich auf dieser Reise,
nicht alleine bin.

Anja Funk-Klebe

Extra Kapitel für Führungskräfte

„Der Mensch als Mittelpunkt des Arbeitslebens, mit seinen Talenten und Ressourcen“

Der Wunsch, durch unsere Mitmenschen bestätigt und von diesen akzeptiert zu werden, wird ein Leben lang bestehen bleiben. Es handelt sich hierbei, wie schon mehrfach erwähnt, um ein menschliches Grundbedürfnis.
Da mit der „Spiegelung“ durch unsere Mitmenschen auch zugleich ein Gefühl der Bindungssicherheit verbunden ist, wird auch die „Suchbewegung“ ein Leben lang anhalten. Ganz gleich, ob Sie zu der Gruppe der Sicher-Gebundenen Menschen gehören oder zu der Gruppe der drei anderen Bindungstypen, Sie werden immer versuchen, ein Gefühl der Sicherheit herzustellen. Das Gefühl der seelischen Sicherheit bildet sozusagen die Quelle für unser gesamtes Leben und unsere Handlungen. Alle Handlungen, die Sie täglich ausüben, werden Ihnen sehr viel leichter fallen, wenn Sie sich innerlich angenommen und sicher fühlen können.
Dagegen kann eine seelische Verunsicherung, z.B. hervorgerufen durch eine sich verändernde Lebenssituationen, Ihre gesamten Handlungen und Beziehungserfahrungen beeinflussen und erschweren.

Im Gegensatz zu den Sicher-Gebundenen wird zudem der Wunsch nach Bestätigung und Wertschätzung bei den drei anderen Bindungstypen noch um ein Vielfaches erhöht sein, da sie schon in Ihre Kindheit das Gefühl hatten, den elterlichen Vorstellungen nicht zu genügen. Seit der Kindheit besteht daher bei etwa 83,4% der Bevölkerung, aufgrund einer mangelnden Resonanz, eine hervorgerufene Bindungsunsicherheit und ein dadurch bedingtes defizitäres Gefühl in der Anerkennung.

Umso mehr wird gerade diese Gruppe der Menschen immer wieder versuchen, die nicht ausreichend bekommene Bestätigung nun in ihrem Lebens- und Arbeitsalltag zu erhalten.

Ihnen als Menschen mit Führungsverantwortung wird daher eine besondere Bedeutung beigemessen. Gerade die Menschen, die zu wenig in ihrer Kindheit gespiegelt wurden, möchten nun von ihren Führungskräften die so wichtige „menschliche Zuwendung“ und Bestätigung ihrer Person bekommen. Da die Menschen auch als Erwachsene ihr Bindungsbedürfnis behalten werden, bekommen Führungskräfte häufig unbewusst die Rolle der Eltern zugewiesen.
Arbeitnehmerinnen und Arbeitnehmer haben, genauso wie in ihrem Alltag, auch in ihrem Arbeitsumfeld den Wunsch, in ihren Bindungswünschen bestätigt und erfüllt zu werden.

Alle Voraussetzungen, damit eine Bindung gelingen und es zum „Seelentanz“ kommen kann, gelten im „normalen Leben“, wie im Arbeitsalltag. Daher werden der/die Arbeitnehmer/innen das unbewusst vorhandene Bedürfnis haben nach:

1. Vollständiger Akzeptanz und Spiegelung ihre Persönlichkeit und dem Erkennen der individuellen Talente und Bedürfnisse.
2. Einer Spannungsregulierung und einem Verständnis für mögliche Fehlleistungen bzw. nach einer Unterstützung zur Korrektur der Fehlhandlungen.
3. Einem Verständnis für besondere Lebenslagen (Tod, Krankheit, Trennungen, Schwangerschaft, Elternzeit, usw.) und nach ausgehandelten individuellen Lösungsmöglichkeiten, die mit der betroffenen Person vereinbart werden.
4. Individuell bestimmbaren und flexiblen Arbeitszeiten, die in den Rhythmus des/der Arbeitenden passen.

Gelingt es Führungskräften, sich in dieser Weise auf die besondere Lage einer/eines jeden Beschäftigten einzustellen, dann wird sich eine wohlwollende und ausgegliche betriebliche Atmosphäre entwickeln, die in etwa mit einer gelungenen und sicheren Mutter-Kind-Beziehung vergleichbar wäre.
Wie schon berichtet, sind kindliche Prägungen nicht rückwirkend aufhebbar. Jedoch sind die Erkenntnisse der Bindungsforschung gerade auch für Menschen mit Führungsverantwortung unverzichtbar, wenn sie die Gesundheit ihrer Mitarbeiter/

innen erhalten wollen und damit die Leistungsfähigkeit Ihres Betriebes bzw. Unternehmens.
Mitarbeiter/innen, die sich wertgeschätzt und geachtet fühlen, werden sich mit all ihren Kräften und Möglichkeiten für die betrieblichen Belange einsetzen. Sie werden gern zur Arbeit gehen und auch mal eine „Extraschicht“ einlegen, wenn die Situation es gerade erfordern sollte. Umgekehrt sollten aber auch die Menschen mit Führungsverantwortung bereit sein, situationsbedingt, auf die Bedürfnisse und Belange der Mitarbeiter/innen einzugehen.

Dann kann sich ein „fruchtbares Zusammenspiel“ beider, am Arbeitsprozess beteiligter Partner, ergeben und es werden in Folge viel weniger Arbeitnehmerinnen/er erkranken.
Führungskräfte sind für mich Menschen, die auf der einen Seite für die Belange eines Unternehmens zuständig sind und auf der anderen Seite Mitarbeiter/innen zu begleiten und anzuleiten haben.
Das Spektrum an Menschen mit Führungsverantwortung ist groß, es reicht von Führungskräften im Sport (Trainer/innen), über Menschen, die im Sozial- und Gesundheitswesen arbeiten, bis hin zu den Lehrer/innen im Bildungsbereich und Führungskräften in kleinen Betrieben, bzw. mittelständigen und größeren Unternehmen.
Menschen in Führungspositionen haben oft auf mehreren Ebenen Verantwortung zu tragen und werden daher mit unterschiedlichen Fragestellungen und Aufgaben betraut.

Da die meisten Ausbildungs- und Studienzweige nur in einer Fachrichtung ausbilden, bleiben viele Aufgabenfelder, mit denen Führungskräfte es in ihrem späteren Arbeitsumfeld zu tun haben werden, „unterbelichtet“.
Die Frage, wie Führungskräfte auf ihre Mitarbeiter/innen zugehen sollen, ist meistens nicht Bestandteil eines Studiums. Daher absolvieren sie ihr Studium und kennen sich z.B. in betrieblichen und wirtschaftlichen Fragen gut aus, den Umgang mit Menschen haben sie aber in diesem Falle nicht gelernt.
Weil im Umgang mit Menschen die Fachkompetenzen häufig nicht ausreichend vorhanden sind, können gerade aus diesem Grunde, im zwischenmenschlichen Austausch, viele Konflikte entstehen und Missverständnisse zur Folge haben.

Unsicherheiten und fehlende Fachkompetenzen bei Führungskräften können schnell die Atmosphäre in einem Betrieb trüben und zu einem erhöhten Krankenstand führen.
Daher sollten sich Menschen mit Führungsverantwortung unbedingt im Umgang mit ihren Arbeitnehmer/innen unterstützen und beraten lassen.

Entweder gehören Sie zu den glücklichen Menschen als Führungskraft, die in der Kindheit Sicherheit erleben durften und es Ihnen aus diesem Grunde leicht fallen wird, auf Ihre Mitmenschen zuzugehen oder sie sollten auf die vorhandenen Beratungsangebote zurückgreifen.
Menschen, die auf allen Ebenen Begabungen haben, gibt es aus meiner Sicht sehr wenige! Daher sollten Sie Ihre bestehende Fachkompetenz in den Bereichen erweitern, in denen Sie sich unsicher fühlen.
Als menschliches Wesen bleiben Sie ein Leben lang lernfähig. Zudem sollten Sie Ihre Chance nutzen, Ihr Wissen zu erweitern, da Sie auf diese Weise andere interessante Menschen kennenlernen können.
Da alle Menschen über unterschiedlichste Fähigkeiten und Talente verfügen, sollte das gegenseitige Unterstützen als große Möglichkeit verstanden werden, die eigene Sichtweise zu erweitern und Erfahrungen für das eigene Leben sammeln zu können.

Meiner Meinung nach, ist im Sport ein Trainer erst dann ein guter Trainer, wenn er seine sportlichen Kenntnisse mit seinen menschlichen Kompetenzen bündelt, wenn er wertschätzend auf den Einzelnen, aber auch auf die Mannschaft einwirken kann.
Zur Untermauerung meiner Meinung, habe ich ein Interview (am Ende dieses Kapitels nachlesbar) mit dem sehr erfolgreichen Trainer, L.Vranjes, der Handballmannschaft SG Flensburg-Handewitt geführt.

Ihm ist es trotz eines engen finanziellen Rahmens gelungen, einige Handballkönner hier nach Flensburg, nur aufgrund seines Führungsstils, zu holen. Sie kannten L. Vranjes aus früheren Zeiten, als er selbst noch Handball gespielt hat und haben ihn als empathischen Menschen kennengelernt. So haben die Flensburger es ihm überwiegend zu verdanken, dass die SG-Flensburg-Handewitt auf höchster Ebene mitspielen kann, obwohl die Kassen lange nicht so gut wie in anderen

Vereinen gefüllt sind.

Höchstleistungen können immer dort erbracht werden, wo die Akzeptanz vorhanden ist und gleichzeitig das Interesse für die menschlichen Bedürfnisse.

Der „Zauber“ der Wertschätzung

(dazu ein Interview, als Beispiel für eine gelungene wertschätzende Kommunikation)

Alle Menschen möchten gesehen und bestätigt werden, um sich gut und sicher fühlen zu können. Menschen oder Arbeitnehmer/innen, die in einer eher unsicheren familiären Atmosphäre aufgewachsen sind, werden daher ein noch viel stärker ausgeprägtes Verlangen nach Anerkennung und Wertschätzung haben.

Wie werden Sie aber als Führungskraft diesem natürlich vorhandenen Grundbedürfnis Ihrer Arbeitnehmer/innen gerecht?

Es besteht immer noch die fälschliche Annahme in unserer Gesellschaft, dass Mitarbeiter/innen zu viel gelobt oder wertgeschätzt werden könnten, und diese Unterstützung schädliche Auswirkungen, z.B. auf das Arbeitsklima, haben könnte.
Es könnte z. B. der Eindruck vorhanden sein, dass Führungskräfte, die ihre Mitarbeiter/innen loben, als schwächlich und zu wenig distanziert erlebt werden.
Oder es könnte die Auffassung bestehen, dass Mitarbeiter/innen auf gar kein Lob oder eine Wertschätzung während ihrer Arbeit angewiesen seien.

Wertschätzung, Anerkennung und Loben

Dagegen können Sie sich mit einer Wertschätzung oder einem Lob, zur rechten Zeit und im richtigen Moment, den Weg zu einer zufriedeneren Arbeitnehmerschaft langfristig ebnen.
An dieser Stelle möchte ich aber zuvor eine Unterscheidung zwischen einem Lob und einer Wertschätzung treffen:

Ein Lob sollte sich immer auf eine konkrete Leistung beziehen!

Eine Wertschätzung kann sehr unterschiedlich ausfallen und viele Bereiche des Lebens oder der Persönlichkeit umfassen:

Bei einem wertschätzenden Verhalten, das eine Führungskraft einem/einer Mitarbeiter/innen entgegenbringen wird, handelt es sich um eine Haltung, die Sie als Führungskraft einnehmen und mit der Sie Ihren Angestellten begegnen werden.

Als Mensch mit Führungsverantwortung können Sie bsw. wertschätzen ...

- das pünktliche Erscheinen zu einem gemeinsamen Gespräch
- die innere positive Arbeitseinstellung eines Arbeitnehmers
- die gute Zusammenarbeit der Mitarbeiter
- den aufgeräumten Arbeitsplatz eines Arbeitnehmers
- die individuelle Gestaltung in den Arbeitsräumen
- die Mitarbeiter, indem Sie Ihnen bei Geburtstagen und Jubiläen gratulieren
- das sorgfältige Wegräumen der Arbeitsmaterialien
- das Sie von Ihren Mitarbeitern schon morgens freundlich begrüßt werden
- usw.

Es lassen sich ganz unterschiedliche Formen des Wertschätzens finden, der Phantasie sind an dieser Stelle keine Grenzen gesetzt.

Eine wichtige Grundbedingung für das Wertschätzen ist vor allen Dingen Ihre Ehrlichkeit und Authentizität.

Sie müssen den/die Arbeitnehmer/in nicht unbedingt sympathisch finden, dem Sie eine Anerkennung zuteilwerden lassen.
Wertschätzen können Sie eine/en Arbeitnehmer/in z.B. für das morgendliche,

pünktliche Erscheinen am Arbeitsplatz, ohne gleich mit ihm oder ihr befreundet sein zu müssen.

Die Wertschätzung einer Führungskraft wird sich vielmehr über die jeweilige vorhandene Einstellung im Kontakt zu den Mitarbeitern/innen zeigen.
Sie sollen ihnen vor allen Dingen mit Achtung begegnen!
Das ist ja das Wunderbare bei der Vielfältigkeit der Menschen und ihren unterschiedlichen Begabungen, dass es immer irgendeine individuelle Verhaltensweise, ein Talent, geben wird, welches wertgeschätzt werden kann. Jede/er Arbeitnehmer/in hat eine besondere Stärke, die Sie ihr/ihm als Führungskraft positiv „zurück spiegeln können“.
Wenn es Ihnen als Führungskraft gelingen sollte, diese besondere Begabung bei Ihren Mitarbeitern/innen zu entdecken und diese Ihren Arbeitnehmern persönlich mitzuteilen, werden sie sich in ihrem Wesen erkannt und bestärkt fühlen und an innerer Sicherheit hinzugewinnen.

Daher werden Sie über die Anerkennung und das Loben, zu einem menschlichen Unterstützer ihrer Mitarbeiter! Diese werden es Ihnen danken, weil sie unter einem wertschätzenden Arbeitsklima viel lieber arbeiten werden. Auch wird sich die Zusammenarbeit insgesamt in Ihrem Unternehmen verbessern, weil auch Sie, als ein/e verständnisvoller/e Chef/in von Ihren Mitarbeitern erlebt werden.

Führen Sie sich einen oder mehrere Mitarbeiter vor Augen. Überlegen Sie, was Sie an diesem/er ausgewählten Mitarbeiter/in wertschätzen können.
Wie können Sie Ihre Wertschätzung formulieren, und wann wäre aus Ihrer Sicht ein günstiger Zeitpunkt, um Ihrem/er Mitarbeiter/in diese Wertschätzung „entgegenzubringen“.

Eine kleine Übung für jeden Tag:

Bei einem wertschätzenden Verhalten handelt es sich, wie schon mehrfach erwähnt, um eine Grundhaltung, die Sie nicht nur in Ihrem Arbeitsalltag zeigen sollten, sondern generell im Umgang mit anderen Menschen. Nicht nur Ihre Mitarbeiter und die Menschen in Ihrem Umfeld werden “begeistert“ auf die Anerkennung reagieren und von dieser auch profitieren. Sie werden sich ebenfalls besser „gestimmt“ erleben und werden sich seelisch und körperlich ausgeglichener und gesunder fühlen.

Aus diesem Grunde sollten Sie möglichst schon morgens mit dem Üben beginnen und sich in einer wohlwollenden Grundeinstellung anderen Menschen gegenüber erproben.

Ich kaufe mir z.B. in den Morgenstunden gern einen Milchkaffee beim Bäcker. Ich mag den Kaffee besonders gern, wenn er Zucker enthält. Daher bitte ich die Bäckereiverkäuferin, mir eine Tüte Zucker in den Becher zu füllen und diesen danach einmal umzurühren.

Ich wertschätze die Verkäuferin in dieser Situation für ihre besonderen Bemühungen, teile ihr mit, dass sie ihre Aufgabe gut erledigt habe und bedanke mich bei Ihr für die Umsetzung meines besonderen Wunsches.

Das ist vielleicht ein sehr alltägliches und banales Beispiel für ein wertschätzendes Verhalten?! Es erleichtert mir jedoch den Arbeitsbeginn, weil ich das freundliche Lächeln der Verkäuferin als positive Rückmeldung mit in meinen Arbeitsalltag nehmen werde, und auch ihr wird möglicherweise die angenehme Stimmung in unserer menschlichen Begegnung etwas Kraft gegeben haben.

Überlegen Sie, mit welcher morgendlichen, wertschätzenden Übung Sie Ihren Arbeitstag beginnen könnten, um sich auf die späteren Aufgaben in Ihrem Unternehmen und den anerkennenden Umgang mit Ihren Mitarbeitern einstellen zu können.
Nennen Sie ein Beispiel und tragen Sie es in Ihr Buch ein (wenn sie

möchten und Freude daran haben werden). Doch das Eintragen alleine wird nicht ausreichend sein!

Setzen Sie sich einen Zeitraum, in dem (z.B. vier Wochen, drei Monate, ein ganzes Leben lang ...) Sie ein wertschätzendes Verhalten üben wollen. Vielleicht fallen Ihnen auch mehrere Übungsmöglichkeiten ein. Dann legen Sie eine Reihenfolge für die vorhandenen Übungen, mit der entsprechenden Dauer, fest.
Sie wissen ja jetzt schon aus den vorangegangenen Kapiteln, dass nur das bewusste Ergreifen und Üben einer wertschätzenden Haltung eine Veränderung Ihrer bestehenden Muster bewerkstelligen kann.

Interview Ljubomir Vranjes

Trainer der Handballmannschaft SG Flensburg-Handewitt

Ljubomir Vranjes ist in Göteborg/Schweden geboren und hat im Zuge seiner Karriere in unterschiedlichen Ländern sportlich Halt gemacht. Seit Juli 2006 ist der 1,66 m große Sympathieträger bei der SG Flensburg-Handewitt. Zuerst als Spieler und seit November 2010 als Trainer führt Vranjes die SG sportlich zu nationalen und internationalen Erfolgen.

Herr Vranjes, mir ist aufgefallen, dass Sie als Trainer ein großer Motivator für die Spieler der SG Flensburg-Handewitt sind. Sie zeigen Ihre Emotionen sehr offen bei Spielen auf der Trainerbank. Wie gelingt es Ihnen, jeden einzelnen Ihrer Spieler individuell zu motivieren?

Ein wichtiger Bestandteil von Motivation ist in meinen Augen eine klare Aufgabenverteilung innerhalb der Mannschaft, die somit auch präzise und eindeutig formuliert werden muss. Jeder Spieler hat auf dem Spielfeld und auch neben dem Spielfeld seine Rolle, die ich stets immer wieder neu formuliere und an gewisse Gegebenheiten anpasse. Doch nicht nur die Formulierung von Aufgaben, auch das Feedback ist für einen Spieler im Nachhinein wichtig. Ich bin immer ehrlich und sage, wenn mir etwas gut, aber auch wenn mir etwas gar nicht gefallen hat. Die permanente Verbesserung unseres Spiels ist unser Ziel, und an dem arbeiten wir. In meinen Augen ist das einer der Schlüssel für eine täglich neu motivierte Mannschaft.

Sie gucken also schon individuell auf den Spieler, schauen, was er jetzt momentan leisten kann?

Selbstverständlich. Die angestrebte Weiterentwicklung unserer Mannschaft hängt von den einzelnen Spielern ab. Spieler entwickeln sich im Laufe der Saison weiter, und somit müssen die Aufgaben der einzelnen, immer wieder individuell angepasst werden.

Es gibt Lebensereignisse wie Trauer, Verletzung, Hochzeit, Geburten, die ein Mensch erleben kann. Verändern solche besonderen Situationen die Spieler?

Absolut, jeder Mensch ist anders. Jeder Spieler geht mit privaten und auch sportlichen Situationen anders um. Meine Aufgabe als Trainer ist es, meine Spieler immer wieder neu einzuschätzen und die optimale Aufgabe innerhalb der Mannschaft festzulegen: Was kann ich dem Spieler konditionell zumuten, welche Handball spezifischen Fähigkeiten hat er, wie kann er der Mannschaft helfen? Doch man darf nicht nur den Handballer sehen. Richtig gut, leidenschaftlich und mit vollem Einsatz ist man in meinen Augen nur, wenn man sich in der eigenen Aufgabe wohlfühlt. Daher sind auch die individuellen Emotionen eines jeden sehr wichtig.

Haben Sie Kurse zum Thema “Motivation“ besucht, in denen Sie Ihre Fähigkeiten gelernt haben oder welches Zaubermittel wenden Sie an?

Ich habe keinen Kurs im klassischen Sinne besucht. Ich lese jedoch allgemein und auch speziell zu diesem Thema viel.
Zaubermittel? Ich bin ein “Geradeaus-Typ“. Das finde ich sehr wichtig! Ich spreche immer alles direkt an, ganz egal, ob etwas gut oder schlecht ist. Wenn wir etwas zu verbessern haben, sage ich es auch. Ich kritisiere jedoch nie ohne danach sofort im Anschluss konkrete Ratschläge und Verbesserungen vorzugeben. Viele Trainer kritisieren ausschließlich, und bestätigen ihre Spieler jedoch nicht positiv. Positive Kritik zu äußern scheint für viele Deutsche schwierig. Es ist jedoch in meiner Arbeit ein zentraler Punkt. Ich bin als Trainer geradeaus, doch außerhalb der Halle bin ich

ein Freund für jeden einzelnen meiner Spieler. Ich sehe meine Art als ganz normalen, logischen und menschlichen Umgang miteinander an und muss mich hierfür nicht verstellen, denn das ist für mich selbstverständlich.

Wie sind Sie aufgewachsen, haben Sie Ihre direkte Art in Ihrer Familie gelernt?

Ich habe von meinen Eltern etwas ganz Wichtiges mitgegeben bekommen:
Herz und Kampfgeist! Meine Eltern haben es nicht einfach gehabt, sie haben es sogar sehr schwer gehabt. Unsere Familie war nicht komplett ohne finanzielle Mittel, aber wir haben gekämpft.

Durch meinen Lebensweg, durch meine Karriere, habe ich viele Sachen gelernt. Meine ganze Karriere ist sinnbildlich wie ein Wellenverlauf. Mit einer Körpergröße von 1,66 m war es nie einfach gegen körperlich längere Gegenspieler zu spielen. Aber ich hatte Talent und hatte von meiner Familie gelernt zu kämpfen. Ich hatte bis heute nie Angst vor Neuem und habe mich am Ende durchgebissen.
Ich habe von meinem ersten Trainer im Kindesalter viel gelernt. In meiner späteren 10jährigen Zeit in der schwedischen Nationalmannschaft hatte ich nicht nur eine sehr erfolgreiche Zeit, in der wir alles gewannen, sondern mit Bengt Johannsen einen für mich persönlich ebenfalls sehr wichtigen Trainer für meine persönliche Entwicklung.

Ist es für Sie wichtig, dass Sie als Trainer von den Spielern nicht als eine Art “Übermensch“ gesehen werden?

Ich weiß, was ich als Trainer kann und auch was ich nicht kann. Ich habe überall gespielt - in Deutschland, in Spanien, in Skandinavien. Ich kenne das Gute und auch das Schlechte der jeweiligen Systeme. Gute Dinge habe ich mir abgeschaut und schaue ich mir noch heute ab. Aus den unterschiedlichen Herangehensweisen habe ich meinen eigenen Stil entwickelt. Bei Dingen, die ich nicht kann, sage ich das auch ganz offen und bin ehrlich zu mir selbst und den anderen. Fachleute als Unterstützung zu holen, ist somit die logische Konsequenz. Niemand kann alles können und alles wissen.

Die Atmosphäre in der Mannschaft wird als stimmig beschrieben und häufig in den Medien durch Interviews Ihrer Spieler untermauert. Wie stellen Sie diese her, ist es Ihre Ehrlichkeit?

Ja, es ist die Ehrlichkeit und auch die Menschlichkeit hier in Flensburg bei der SG. Für viele Profisportler sind das, neben der bereits beschriebenen klaren Aufgabenverteilung, die zwei zentralen Punkte für einen Verein. Ich bin ehrlich, menschlich und klar in meinen Anweisungen. Deswegen kann ich auch ein harter und strenger Trainer sein, denn jeder weiß, woran er bei mir ist.
Spieler sind im übertragenen Sinne wie meine “Kinder“. Es gibt Zeiten, da braucht ein Spieler auch einfach einmal ein persönliches Gespräch mit mir. Gerade wenn es sportlich mal nicht so läuft. Viele Trainer schreien dann, ich habe dazu jedoch keine Lust. Spieler haben auch Verpflichtungen. Ein Spieler muss beispielsweise sich in meinen Augen eigenständig für ein Spiel motivieren, das kann nicht meine Aufgabe sein. Das muss jeder Spieler selber leisten.
Ich spreche jedoch auch private Dinge, z.B. familiäre Konflikte an. Ich bin 24 Stunden am Tag für die Mannschaft erreichbar. Ich stehe ihnen bei, kümmere und sorge mich wie bei meinen leiblichen Kindern auch. Das ist für mich selbstverständlich. Ich gebe von mir sehr viel, und meine Spieler honorieren das durch ihren Einsatz. Auch ich erzähle bei Zeiten aus meinem Privatleben, von meiner Familie. Meine Spieler tun das dann genauso. Jeder meiner Spieler weiß, wenn er mich braucht, dann kann er sich auf mich verlassen. Ruft er mitten in der Nacht an und sagt, dass sein Kind krank ist, dann fahre ich sofort zu ihm, ohne zu zögern. Das ist schon eine andere Beziehung als eine reine Trainer-Spieler-Beziehung.

Sie sagen, Sie führen auch Einzelgespräche mit Ihren Spielern. Gehen Sie eigenständig auf Ihre Spieler zu, oder wird bei Ihnen lediglich um Gespräche von Seiten Ihrer Spieler gebeten?

Nicht viele Menschen habe das nötige Feingefühl und Empathie für ihr Gegenüber. Sie sehen die Notwendigkeit nicht rechtzeitig. Wenn ich einen belasteten Spieler erlebe und glaube, dass ein Gespräch helfen kann, gehe ich sofort auf diesen zu und warte nicht erst ab. Am Ende wird die Not des Einzelnen größer und ein Gespräch somit auch deutlich schwieriger.

Wie wichtig ist die enge Bindung zu Ihren Spielern in Bezug auf Motivation?
Motivation bezieht sich ja nicht nur auf den Sport. Gerade die menschliche Ebene ist wichtig, finde ich. Eine enge Bindung zueinander ist da nicht nur von Vorteil, sondern sehr wichtig. Sie stellt die Basis für alle weiteren gemeinsamen Aufgaben dar. Es gibt da ein tolles psychologisches Modell. Jedes Viereck besteht aus vielen kleinen Vierecken. Je besser die kleinen Vierecke zusammenhalten, desto stabiler und stärker ist das große Viereck, desto besser funktioniert die gemeinsame Arbeit. Für diese erfolgreiche Zusammenarbeit ist es essentiell wichtig, dass man den einzelnen Menschen gut kennt und richtig einschätzen kann.

Sie sagten, Ihre Spieler seien wie ihre Kinder. Es gibt Tage in der Kindererziehung, da muss man etwas klarer sprechen, vielleicht etwas lauter reden. An anderen Tagen dagegen muss man sensibler reagieren. Wie finden Sie das heraus? Ist es Ihr Bauchgefühl, dem Sie in solchen Momenten folgen?

Meistens ist es tatsächlich das Bauchgefühl. Anders kann ich das leider nicht erklären, es ist ein Gefühl und dann handele ich. Ich mache dann entweder einzelne Motivationsgespräche oder aber auch Gespräche mit der Gruppe.

Sie geben auch verletzten Spielern eine Aufgabe. Beziehen Sie ganz bewusst verletzte Spieler mit ein?

Wenn genug Platz ist und die jeweilige Verletzung es zulässt, dann bleiben verletzte Spieler mit auf der Spielerbank. Dadurch hat der Spieler das Gefühl, dass er trotz Verletzung weiterhin ein Teil der Mannschaft ist. Er bekommt die Stimmung, ob Höhen oder Tiefen, in der Mannschaft mit und es wird ihm vermittelt, dass er gebraucht wird und auch eine Aufgabe zu erfüllen hat.
Bei Verletzungen im Profisport kann ich aus eigener 18jähriger Erfahrung als Spieler sagen, ist es wichtig, dass man auf die menschlichen Aspekte des Spielers verstärkt eingeht. Man muss seine Aufgaben innerhalb des Teams anpassen und ihn in dem Gedanken stärken: „Ich bin zwar verletzt, bin aber trotzdem Teil der Mannschaft und habe meine Aufgabe im großen Ganzen zu erfüllen. Ich bin wichtig!"

Danke für das Gespräch.

In dem Interview mit L. Vranjes wird deutlich, dass ein wertschätzendes Verhalten sich nicht nur auf gelungene Verhaltensaspekte beziehen sollte, sondern auch weniger geglückte Momente zur Sprache kommen dürfen.
Entscheidend ist vor allen Dingen die innere Haltung, mit der Sie Ihren Mitarbeiter/innen begegnen werden. Ihre Haltung sollte ehrlich, authentisch und wohlwollend sein!
Sie sollten Ihren Arbeitnehmern/innen mit Achtung und einer vollständig vorhandenen Akzeptanz begegnen können. Zusätzlich sollte es Ihnen wichtig sein, die Talente Ihre Beschäftigten zu erkennen und sie daraufhin in positiver Weise anzusprechen.
Diese verschiedenen Aspekte zusammen genommen, ergeben erst ein wertschätzendes Verhalten.

Wie das Umdeuten die Sicht verändern kann

Das Wort ***„Umdeuten/ Umdeutung“*** oder „Reframing“ kommt aus der systemischen Therapie.
„Bei dieser Methode wird einem Geschehen dadurch ein anderer Sinn gegeben, dass man es in einen anderen Rahmen (engl.“frame“) stellt, einen Rahmen, der die Bedeutung des Geschehens verändert.“ S.177 (2002), „Lehrbuch der systemischen Therapie und Beratung“, A .v. Schlippe, J. Schweitzer

Das Umdeuten kann für alle Menschen bereichernd sein, weil es uns „auffordert“, andere Sichtweisen, neben den schon bestehenden, einzunehmen!
Menschen, die in einer eher offenen, familiären Stimmung herangewachsen sind, haben es etwas leichter, aus verschiedenen Blickwinkeln auf dieselbe Sache oder ein Verhalten eines Mitmenschen zu schauen.

Menschen, die während der Kindheit in ihren Vorstellungen eher eingeengt aufgewachsen sind, müssen sich dagegen etwas mehr anstrengen, um sich mit anderen Sichtweisen vertraut machen zu können. Oftmals haben jedoch gerade diese Menschen eine besondere innere Stärke in ihrer Kindheit entwickelt, weil sie schon früh gespürt haben, dass sie nur über die eigene Kraft Dinge in ihrem Leben verändern können.

Möglichkeiten des Umdeutens:

Ein wunderbares Beispiel für eine Umdeutung hat z.B. Wolf-Dieter Poschmann (ZDF Sportkommentator) nach dem letzten Biathlon Rennen von Magdalena Neuner am 18. März 2012 gebracht:

Magdalena Neuner hatte bis zum letzten Stehend-Schießen die Möglichkeit, in ihrem letzten Biathlonrennen noch einmal eine Medaille zu gewinnen und musste durch zwei Fehlschüsse zwei Strafrunden absolvieren. Einen Medaillenrang konnte sie auf diese Weise nicht mehr erreichen, wobei ihr aber der Gesamtsieg dieser Saison nicht mehr zu nehmen war. Dennoch wäre es wunderbar gewesen, wenn sie in ihrem letzten Rennen noch einmal auf dem „Treppchen“ gestanden hätte. Wolf-Dieter Poschmann sagte nun sinngemäß, bezüglich der zwei Strafrunden, dass diese Magdalena Neuner noch einmal die Möglichkeit gegeben hätten, den Abschluss ihrer Karriere zu genießen. Während dieser Strafrunden konnte sie die Wettkampfkulisse und alle damit verbundenen Eindrücke ein letztes Mal genießen.

Bevor ich Ihnen meine Sicht und meine Erleben vor und nach der Umdeutung schildern möchte, können Sie sich zuvor noch mit dem nächsten Leuchtturm beschäftigen:

Was ist emotional mit Ihrer Stimmung bei der oben aufgeführten Umdeutung geschehen?
Sind Ihnen Beispiele aus Ihrem Leben bekannt, bei denen Ihnen eine Umdeutung dabei geholfen hat, eine vorher etwas negativ getönte Stimmung in eine deutlich positivere zu verwandeln?

In ihrem letzten Rennen, zum Abschluss ihrer Karriere, hätte ich Magdalena Neuner neben der Kristallkugel für den Gesamtsieg, noch eine Medaille gewünscht.

So hatte ich ***vor der Umdeutung*** ein gewisses Gefühl der Unerfülltheit.
Emotional blieb etwas offen, ich hatte das Gefühl, dass Magdalena Neuner der krönende Abschluss versagt blieb.

Nach der Umdeutung, hatte ich plötzlich eine positivere Stimmung.
Ich dachte im Nachhinein, dass diese „Strafrunde“, für sie gar keine „Strafrunde“ gewesen sein muss. Vielleicht hatte sie diesen Moment ganz anders erlebt?
Vielleicht gaben ihr die Strafrunden Zeit, ihre „Gedanken“ schweifen lassen?
Vielleicht gab es für sie auch innerlich in diesem Moment kein Druckgefühl mehr, weil sie wusste, dass sie die Kristallkugel (so viel stand fest) bereits sicher gewonnen hatte? Keiner weiß, was sich tatsächlich in ihrem Inneren, in den Momenten des Abschiedes, abgespielt hat!

Dieses Beispiel kann aber in hervorragender Weise verdeutlichen, wie ein veränderter Blick auf ein und dasselbe Ereignis, eine andere Stimmung entstehen lassen kann.
Es verschwindet „der negative Beigeschmack“, den ich vorher gespürt habe und wird durch ein „wohligeres Gefühl der Akzeptanz“ ersetzt. Ich kann den Verlust der Medaille annehmen und habe innerlich trotzdem ein erfülltes Gefühl.

Sicherlich haben Sie als Leser/Leserin noch weitere Gefühlsfacetten an diesem Beispiel erleben können, weil jeder Mensch, je nach Kindheit und Persönlichkeit, unterschiedliche Wahrnehmungen entwickeln wird.

Dieses Beispiel kann sehr direkt zum Ausdruck bringen, dass Sie durch veränderte Blickwinkel in Ihren jeweiligen Gefühlen anders angesprochen werden und zuvor eher negativ getönte Emotionen sich in positive Stimmungen verwandeln lassen.

Umdeuten für Führungskräfte

Die Zahlen, die statistisch bei der sog. „Gallup-Studie“ von einem Beratungsunternehmen ermittelt wurden, sind erschreckend!
Das „Flensburger Tageblatt“ berichtet in einem Artikel vom 21. März 2012, unter

dem Titel: „Deutsche Chefs loben zu wenig“:

- 23 Prozent der Arbeitnehmer hätten bereits gekündigt, sie quälten sich zur Arbeit und fehlten häufiger als andere. Durch diese Mitarbeiter entstünde ein volkswirtschaftlicher Schaden von 124 Milliarden Euro im Jahr.
- 63 Prozent der Mitarbeiter machen Dienst nach Vorschrift und zeigen wenig Motivation, sich auch mal über das vorgegebene Maß hinweg für ihr Unternehmen einzusetzen.
- 14 Prozent gehen gern zu Arbeit, identifizieren sich mit ihrer Firma und erfüllen - je nach Lage und Bedarf- auch zusätzliche Arbeiten, wenn diese anfallen.

Diese Studie macht deutlich, dass schätzungsweise 86% der arbeitenden Bevölkerung nicht mit vollem Einsatz und Freude arbeiten! … „es gilt daher, 86 Prozent der Arbeitnehmer neu zu begeistern“.

Doch wie kann es gelingen, immerhin 86 Prozent der Arbeitnehmer langfristig wieder mehr für die Belange des Unternehmens zu begeistern und damit den Unternehmen auch zu mehr Produktivität zu verhelfen?

Das Umdeuten ist da ein entscheidender Schlüssel! Jeder Mensch lernt sich im Laufe seines Lebens immer besser kennen und gewinnt zunehmend einen Eindruck über die eigenen Stärken und Schwächen.

Leider wachsen wir alle in einer Gesellschaft auf, die sehr leistungsorientiert wertet (meine persönliche Sicht der Situation). Etwas vereinfacht ausgedrückt, sind Sie „viel wert“ und „gute Menschen“ wenn Sie z.B. gute Schulleistungen erreichen, wobei sich bekanntlich soziale Kompetenzen und die sog. emotionale Intelligenz nur schwer über schulische Leistungsanforderungen darstellen lassen.
Genauso sinkt aber auch Ihr „Ansehen“ gewaltig, wenn Sie den familiären Vorstellungen oder den gesellschaftlichen Normen nicht gerecht werden. Für Familien, in denen beide Eltern über einen akademischen Abschluss verfügen, kann es oftmals eine Herausforderung darstellen, wenn das eigene Kind die Schule „nur“ mit einem

Hauptschulabschluss oder der mittleren Reife verlassen wird und für eine universitäre Laufbahn nicht die Voraussetzungen erbringt.

Ebenso werden, spätestens mit Beginn der Schule, Ihre Fehler in den Vordergrund gerückt. Es werden die Fehler in einem Diktat gewertet und nicht die richtig geschriebenen Wörter.
Würden z.B. die Schulen das Prinzip des Umdeutens beim Bewerten anwenden und dem Kind die Anzahl der richtig geschriebenen Wörter auflisten, bin ich mir sicher, wäre die Motivation bei den Kindern, bei zukünftige Diktaten noch mehr Wörter richtig zu schreiben, eine ganz andere!

Kein Mensch mag es, wenn er ständig auf seine Schwächen und Fehler hingewiesen wird. Wir haben alle als Menschen und soziale Wesen den Wunsch und das natürliche Bedürfnis von unserem Umfeld bestätigt und bestärkt zu werden.

Wenn aber der gesellschaftliche Fokus hauptsächlich auf Ihre Fehler und Fehlversuche gelenkt wird, und Sie dabei gleichzeitig auf eine Bestätigung durch Ihre Mitmenschen verzichten müssen, wird sich zunehmend eine innere Resignation und Mutlosigkeit in Ihrem Inneren einstellen. Irgendwann werden Sie nicht mehr willig sein, noch weitere Versuche zu unternehmen.

Eigene Seminarerfahrungen

Während einer systemisch ausgerichteten Fortbildung hatte ich mit drei weiteren Teilnehmern die Aufgabe, in einem Rollenspiel ein freundliches, motivierendes Elterngespräch zu führen (Vorstellungsgrund war ein in der Schule auffallendes aggressives Kind gewesen).

Neben der Arbeitsaufgabe ein wohlwollendes, umdeutendes Gespräch zu üben (drei Teilnehmer/innen), gab es für den/die vierte Teilnehmer/in die Aufgabe, den/die Gesprächsleiter/in, in ihrer Gesprächsführung nur positiv zu kritisieren. Diese Übung wurde vierfach wiederholt, da jeder der Teilnehmer/innen der Gruppe wechselweise die Aufgabe haben sollte, die Gesprächsführung einmal zu übernehmen.

Als ich an der Reihe war, und ich die Rückmeldung bekommen sollte, war mir zuerst etwas „mulmig“ zumute, weil ich mit dem Begriff der „Kritik“ bisher negative Assoziationen verbunden habe. Den Begriff des positiven Kritisierens kannte ich bis zu diesem Zeitpunkt nicht.

Das besondere Erleben an dieser Übung war, dass ich ausschließlich Positives rückgemeldet bekam. Als ich dann das freundliche und angenehme Feedback der anderen Teilnehmerin bekommen hatte, die mich vorher nicht gekannt hatten, war ich emotional sehr stark berührt.

Diese Erfahrung war gänzlich neu und überwältigend für mich, und sie drang sofort bis in die tiefsten Regionen meiner Seele vor. Ich hatte zudem Zweifel, weil ich nicht wusste, ob die Teilnehmer/innen das Gesagte wirklich ernst gemeint hatten. Ich führe diese Zweifel auf meine eher gemischten Vorerfahrungen zurück!

Wählen Sie sich eine oder mehrere Personen aus und versuchen Sie sich selbst von Ihrem Gegenüber oder auch von mehreren Menschen positiv kritisieren zu lassen.
Genauso können Sie den anderen teilnehmenden Personen ein positives (nur positives) Feedback „schenken“.
Zudem versuchen Sie einmal sich selbst zu bestärken, indem sie sich auf Ihre Schultern klopfen und sich laut vorsagen, was Sie als Menschen auszeichnet und welche besonderen Fähigkeiten sie haben. Ich bin mir sicher, Ihre Erfahrungen werden meiner Erfahrung ähneln, und Sie werden merken, wie schwer es Ihnen fallen wird, sich selbst zu loben.

Übertragen auf die Arbeit als Führungskraft mit ihren Mitarbeitern/innen kann dieser beschriebene Sachverhalt bedeuten, dass sie dazu übergehen sollten, sich die positiv vorhandenen Fähigkeiten eines jeden Mitarbeiters vors „geistige“ Auge zu führen.

Zudem sollten Sie versuchen die Situationen, die Sie als unangenehm einstufen, z.B. wenn Mitarbeiter/innen immer zu spät zur Arbeit erscheinen oder Eigenschaften besitzen, die Ihnen fremd erscheinen, mit Hilfe des Umdeutens zu verändern.

Ein Beispiel aus dem Arbeitsalltag

Zur Verdeutlichung greife ich ein ***erdachtes Beispiel*** mit einem ständig zu spät kommenden Arbeitnehmer auf:

Meinen Vorstellungen entsprechend gehe ich davon aus, dass Ihnen dieser Mitarbeiter zuerst einmal durch seine Unpünktlichkeit mehrfach aufgefallen sein wird.
Einige Male werden Sie sein Zuspätkommen bemerkt haben, bevor Sie ihn, nach einiger Zeit, zu einem klärenden Gespräch einladen werden, um seine Unpünktlichkeit zu thematisieren. Nachdem das Gespräch stattgefunden hat, hat der einsichtige Mitarbeiter Ihnen versprochen, dass er demnächst etwas früher aufstehen werde, damit er zukünftig pünktlicher an seinem Arbeitsplatz erscheinen werde.

Gehen wir dann weiter davon aus, dass dieser Mitarbeiter zugleich ein sehr gemütlicher Mensch sei, gern etwas Gutes zu Abend esse und erst kurz vor Mitternacht ins Bett gehe.
Die Geschichte nimmt nun ihren Lauf, und der zuvor einsichtige Mitarbeiter wird es dennoch nicht schaffen, zukünftig pünktlich am Arbeitsplatz zu erscheinen.
Wieder werden Sie Ihn dabei erwischen, dass er zu Arbeitsbeginn noch nicht an seinem Arbeitsplatz sitzen wird.

Ich könnte mir vorstellen, dass sich in einer solchen Situation Ihre Stimmung schnell verändern wird, und Sie diesem Mitarbeiter, wenn Sie Ihn wieder nicht rechtzeitig am Arbeitsplatz antreffen sollten, zunehmend mit Ablehnung begegnen werden.

Der Mitarbeiter seinerseits wird Ihre ablehnenden Gesten mitbekommen, er wird merken, wie distanziert und kurzsilbig Sie ihm in letzter Zeit begegnen und dass Sie ihn morgens kaum noch begrüßen.

Er wiederum wird Ihren “Groll“ nicht verstehen können, da er ansonsten seine Arbeit gewissenhaft erledigt und wird daraufhin erkranken, weil er sich als abgelehnter und abgestrafter Arbeitnehmer erleben wird, und er in einer solchen Atmosphäre nicht gut arbeiten kann.

Die Abwärtsspirale hat sich in Bewegung gesetzt und hat sowohl die/den Arbeitnehmer/in, als auch Sie, als Führungskraft, fest im Griff! Es leidet der/die Arbeitnehmer/in, Sie, als Führungskraft und das Unternehmen.

Eine Umdeutung in einem gemeinsam geführten Gespräch, gleich zu Beginn des Konfliktes, hätte, aus meiner Sicht, den Abwärtstrend in der Spirale jedoch schnell stoppen können!

Überlegen Sie einmal selbst, bevor ich Ihnen eine von vielen möglichen Umdeutungen beschreibe werde, wie aus Ihrer Sicht die Situation für alle Beteiligten hätte befriedigender gelöst werden können. Vielleicht fallen Ihnen auch mehrere Umdeutungsvarianten ein.

Meine Umdeutung

Der „Beispiel-Mitarbeiter" wird pünktlich zu dem verabredeten Gespräch erscheinen, und Sie werden sich bei ihm zuerst einmal für sein rechtzeitiges Kommen und seine Fähigkeiten, einen gesetzten und verabredeten Termin pünktlich einzuhalten, bedanken (Wertschätzung). Sein rechtzeitiges Erscheinen sei ebenfalls ein Ausdruck dafür, dass ihm dieses Gespräch sehr wichtig sei (Wertschätzung in Form einer positiven Unterstellung), Sie zudem den Eindruck hätten, dass ihm daran gelegen sei, eine bestehende Unstimmigkeit (klingt lösbarer, als Konflikt) rasch zu lösen. Sie beschreiben ihn weiterhin, als einen Mitarbeiter, der sich in der Vergangenheit verlässlich für die Belange des Unternehmens eingesetzt habe (Wertschätzung).
Ebenso, sei er ein lebenserfahrener Mann und er würde wissen, dass neben einem guten Essen, ebenfalls ausreichender Schlaf wichtig sei, um ausgeruht, pünktlich und rechtzeitig zur Arbeit kommen zu können. So werde er mit der Arbeit schneller fertig sein und hätte daher mehr Raum fürs Einkaufen und für die Essenszubereitung (Umdeutung). Außerdem sei er in seiner Arbeit und seiner Fachkompetenz ein von Ihnen geschätzter und wichtiger Mitarbeiter. Als Chef/in sei es ihnen daher ganz wichtig, dass er ihnen, auch schon am frühen Morgen, beratend zur Seite stünde (Wertschätzung).

Anhand dieses kurzen Beispiels wird auf der einen Seite erst einmal deutlich, dass das Umdeuten und die Wertschätzung fast untrennbar miteinander verbunden sind und, aus meiner Sicht, wie „Zwillinge“ zusammen gehören.
Dennoch „trenne“ ich sie in diesem Buch, damit beide Elemente besser zur Geltung kommen können.

Auf der anderen Seite gehen ich fiktiv davon aus, dass wenn das gemeinsame Gespräch mit der/dem Mitarbeiter/in tatsächlich, wie beschrieben, verlaufen wäre, dann wäre es der/dem Mitarbeiter/in vermutlich zu Beginn des Gespräches ähnlich ergangen, wie mir bei meinem Feedback während der Tagung. Er wäre vermutlich mit einem eher von Unsicherheit und einem von Angst geprägten Gefühl in das gemeinsame Gespräch gegangen! Die Angst, von der/dem Chef/in negativ kritisiert zu werden und für sein Zuspätkommen eventuell beschimpft zu werden, wäre sicherlich vorhanden gewesen.
Stattdessen wird der/die Mitarbeiter/in über die Anerkennung wertgeschätzt und bekommt zudem über die Umdeutung die Botschaft vermittelt, als lebenserfahrener und fachkundiger Mitarbeiter für seinen/e Chef/in unverzichtbar zu sein.

Für den Fall, dass dem Mitarbeiter das pünktliche Erscheinen, trotz aller Bemühungen, nicht gelingen sollte, hätten Sie als Führungskraft in Zukunft dennoch einen Arbeitnehmer, der motivierter an die Arbeit gehen würde und der die am Morgen verloren gegangene Zeit im Laufe des Tages schnell wieder aufholen würde.

Ihnen wird es vermutlich emotional ebenfalls besser gehen, weil negatives Kritisieren auch in Ihrer Seele Spuren hinterlässt! Negatives Kritisieren, hat etwas mit Angriff zu tun, und um diese Kräfte in Ihnen selbst freizusetzen, werden in Ihrem Inneren entsprechend wirksame Hormone ausgeschüttet, die auch Ihre Stimmung „versauern“ können. Bis diese negativen „Botenstoffe“ dann abgebaut werden, dauert es eine Weile.

Alle Menschen kennen Streitereien, bei denen das eine Wort das andere bedingen wird, und zwei Streithähne, sich auf diese Weise allmählich hochschaukeln können. Ein erbitterter Streit kann die Folge sein, so dass beide Parteien noch weniger bereit sein werden, sich aufeinander zuzubewegen. Eine Lösung oder ein Kompromiss kann deshalb schnell in weite Ferne rücken.

Das Umdeuten einer Situation, einer Handlung, eines persönlichen Erlebnisses usw. verändert die eigene Sicht, und rückt das Erlebte in ein anderes, oftmals helleres Licht. Dadurch können eigene und fremde Spannungen abgebaut werden, und alle Beteiligte sind zufriedener als vorher, eher unangenehmere Erfahrungen lassen sich besser auf diese Weise ins eigenen Leben integrieren.

Achtsamkeit im Arbeitsalltag

Wie ich bereits mehrfach erwähnt habe, liegt aus meiner Sicht u.a. das Problem des „modernen Menschen“ in der Überfrachtung seines Lebens durch die zu vielen Informationen, Reize, Arbeitsfelder und Aufgabenbereiche, bei gleichzeitiger Abnahme der menschlichen Bindungskontakte. Bei dieser Überfrachtung kann es schwer fallen, den Überblick und die Orientierung zu behalten. Die Menschen können dadurch zunehmend verunsichert werden und können die Verbindung zu ihren Bedürfnissen verlieren. Diese Verunsicherung kann sowohl das Privatleben, als auch Arbeitsabläufe betreffen.

Hinsichtlich Ihres Privatlebens habe ich Ihnen diverse Möglichkeiten zur Orientierung im Abschnitt „achtsame Aufwachmomente“ gegeben.

In diesem Kapitel möchte ich nun den Blick auf Ihren Arbeitsalltag lenken und Ihnen ebenfalls Strukturierungs- und Orientierungsmöglichkeiten aufzeigen. In dem Buch, „@ work“, verweisen die beiden Autoren, Elisha Goldstein und Lienhard Valentien, auf ein von „Rand Stagen“, an seiner Führungskräfte-Akademie entwickeltes Modell:

Dieses Modell der Aufmerksamkeitsbereiche, das insgesamt vier Bereiche voneinander unterscheidet, bietet den Menschen an ihrem Arbeitsplatz, die Möglichkeit zur Orientierung. Sie werden durch die Zuordnung ihrer momentanen Arbeitssituation in einen dieser vier Bereiche eine Unterscheidungshilfe bekommen, die ihnen zu mehr

Sicherheit in ihren Arbeitsalltag verhelfen will.
Die beiden Autoren unterscheiden …

- *den reaktiven Bereich*, in dem Sie auf wichtige Aufgaben, bezüglich Ihres Arbeitsumfeldes und bei schwierigen Arbeitsaufträgen, direkt reagieren müssen.

  In diesem Bereich ist die volle Aufmerksamkeit erforderlich, damit die Arbeitsaufträge- und eventuell aufkommende Krisenlagen gut bewältigt werden können.

- *den proaktiven Bereich*, in dem Sie sich als Arbeitnehmer/in mit Fragen hinsichtlich Ihres individuellen Arbeitsauftrages beschäftigen sollen. In diesem Bereich sind Sie mit Ihrer Aufmerksamkeit ebenfalls „ganz bei der Sache“, Sie müssen aber nicht direkt reagieren. Es gibt in diesen Arbeitsphasen genügend Raum für weiterführende Überlegungen und Planungen.
  Ebenso soll in diesem Aufmerksamkeitsbereich die Möglichkeit bestehen, Mitarbeiter/innen in die eigenen Gedankenspiele mit einzubeziehen. Gestaltungsmöglichkeiten und weiterführende Ideen sind Merkmale dieses proaktiven Bereiches.

- *den abgelenkten Bereich*, in dem die Arbeitnehmer/innen sich von ihrem eigentlichen Arbeitsauftrag entfernen und sich mit Tätigkeiten beschäftigen, die nicht direkt mit der Arbeitssituation in einem Zusammenhang stehen. Zu diesen Tätigkeiten können z.B. das Telefonieren, E-Mails an Freunde versenden und Feierabend- und Wochenendplanungen vornehmen gehören. Sie erscheinen dem/der Arbeitnehmer/in wichtig und bekommen den Vorzug vor dem eigentlichen Arbeitsauftrag.

  In diesem Bereich findet daher eine Vermischung von privaten Erledigungen und dem Ausführen des Arbeitsauftrages statt. Die Aufmerksamkeit ist daher nur eingeschränkt vorhanden und bezüglich der Arbeitssituation unzureichend.

- *den nutzlosen Bereich*, der durch Tätigkeiten und Handlungen gekennzeichnet ist, die mit dem eigentlichen Arbeitsgeschehen nicht in Verbindung stehen. In diesem Bereich werden gezielt Handlungen getätigt, wie im Internet surfen, die der Ablenkung und der Abkehr vom Arbeitsauftrag dienen. Durch welche Gründe auch immer, „schaltet“ der oder die Betroffene „ab“. Wenn dieser Bereich überwiegen

sollte, ist die Rede von Arbeitnehmern/ innen, die „innerlich bereits gekündigt haben“. Diese vier Aufmerksamkeitsbereiche können Ihnen als Orientierungshilfe dienen.
Ich halte Sie als Leserinnen und Leser für kompetente Persönlichkeiten, die bereit sind, sich ab und an selbst in ihren Handlungen zu hinterfragen, um abzuklären, in welchem Aufmerksamkeitsbereich sie sich gerade während des Arbeitens befinden. Seien Sie ehrlich zu sich selbst, denn nur dann haben Sie auch die Möglichkeit Ihre Situation gegebenenfalls zu verändern.

Vor dem Verändern stehen die Erkenntnis und die Wahrnehmung der eigenen Bedürfnisse und der momentanen Befindlichkeit.

Das Angenehme dieses Modells liegt in der „stillen Handhabung“. Weder Mitarbeiter noch Vorgesetzte bekommen mit, ob oder dass Sie sich gerade in einer „stillen Überprüfung“ Ihrer Arbeitssituation befinden. „Sie bleiben Frau oder Herr Ihres eigenen Lebens, und falls Sie bemerken sollten, dass Sie sich überwiegend im eher „nutzlosen Bereich“ während des Arbeitens befinden, sollten Sie über eine Veränderung, wie einen Arbeitsplatz- oder Firmenwechsel, bzw. eine berufliche Neuorientierung nachdenken. Da Sie Ihre Arbeit dann nur mit „halber Kraft“ oder kraftlos vollbringen, schwächen Sie sich selbst in Ihrer leiblichen, seelischen und geistigen Gesundheit. Sie „graben“ sich sozusagen selbst das eigene Wasser ab“ und können, bildlich gesprochen, seelisch zunehmend „verdursten“, denn Wasser stellt die Grundlage Ihres Lebens dar und Sie sollten eigenverantwortlich dafür sorgen, dass Sie immer genügend „frisches, sprudelndes Wasser“ zur Verfügung haben, um Ihr Leben dadurch erhalten und beleben zu können!

Seelische Erkrankungen im Überblick

Neben dem Basiswissen Biografie, mit dem Sie sich bereits in den ersten fünf Kapiteln beschäftigen konnten, werde ich Ihnen einen kurzen Überblick über seelische Erkrankungen geben.
Fachbücher zu dieser Thematik können oftmals abschreckend wirken, weil sie die einzelnen seelischen Erkrankungen zu wissenschaftlich und zu ausführlich darstellen.

Daher werde ich versuchen, Ihnen in einfacher Weise einen Zugang zu diesem Fachbereich zu ermöglichen.

Seelische Erkrankungen werden häufig noch in dieser Gesellschaft tabuisiert, wodurch der Umgang mit erkrankten Arbeitnehmern/innen zusätzlich erschwert wird. Viele seelische Erkrankungen können durch eine fachkundliche Beratung und Hilfe von den Betroffenen gut gemeistert werden. Hilfreich und unterstützend ist eine oder ein einfühlsamer Arbeitgeber/in, der/die für die betroffenen Menschen ein Verständnis aufbringen kann und gewillt ist, gangbare Lösungen zu finden. Auch in diesem Falle gilt: Wenn sich ein/e Mitarbeiter/in verstanden und wahrgenommen fühlt, dann wird er/sie versuchen möglichst schnell wieder an den Arbeitsplatz zurückzukehren.

Um eine seelische Erkrankungen zu diagnostizieren und später gegebenenfalls behandeln lassen zu können, sollte unbedingt eine Fachfrau oder ein Fachmann aufgesucht werden.
Insbesondere sollte es ein/e Psychiater/in oder ein/e Psychotherapeut/in sein, die eine mehrjährige fundierte Ausbildung (anerkannte Ausbildungen in den Bereichen Psychoanalyse, Tiefenpsychologie oder Verhaltenstherapie) nachweisen können.
Das Verfahren der systemischen Therapie ist in ihrer Wirkweise wissenschaftlich anerkannt worden, die Gesundheitskassen übernehmen aber die Behandlungskosten bisher nicht.

Die Psychiater oder Psychotherapeuten, die eine fundierte Ausbildung absolviert haben, sind jene, die eine sogenannte Kassenzulassung haben und ihre Stunden über die Krankenkasse abrechnen können.
Eine Psychotherapie wird über die sogenannten „probatorischen Sitzungen“, in der Regel fünf Sitzungen, eingeleitet. Der/die Psychotherapeut/in und der/die Klient/in werden sich in diesen fünf Sitzungen kennenlernen, und es wird im Vorfeld einer Behandlung vermutlich zu einer Diagnostik der seelischen Schwierigkeiten oder der Erkrankung kommen. Beide gemeinsam können dann den Beginn einer psychothe-

rapeutischen Behandlung beschließen, oder der/die Klient/in wird an andere Kollegen/innen weitergeleitet.
Eventuell kann es auch vorkommen, dass die „zwischenmenschliche Chemie“ nicht stimmt, so dass ein/e weiterer Fachmann/-frau aufgesucht werden sollte.

Das wichtigste Kriterium für eine psychotherapeutische Behandlung sollte Ihr „Bauchgefühl“ sein. Erst wenn Sie sich bei einer von den Gesundheitskassen zugelassenen Psychotherapeutin oder einem Psychotherapeuten gut aufgehoben fühlen, kann eine Psychotherapie gelingen und Veränderungen können eingeleitet werden.

Damit Sie ein besseres Verständnis für seelische Erkrankungen erhalten und sich selbst einen Überblick verschaffen können, bzw. seelische Erkrankungen besser einordnen können, werde ich diese in fünf Bereiche unterteilen. (Es handelt sich hierbei um meine ganz persönliche Einteilung. Ebenfalls entsprechen die weiteren Ausführungen meinen eigenen Vorstellungen.)
Mein Anliegen ist es dabei, Ihnen eine Zuordnung- oder einen Überblick über seelische Erkrankungs-und Erscheinungsformen zu ermöglichen. Meine Ausführungen sind daher häufig etwas vereinfacht.
Die Leserin, der Leser, dem diese Ausführungen nicht genügen sollten, möge sich bitte der entsprechenden Fachliteratur zuwenden.

1. Psychosomatische Erkrankungen

Es handelt sich hierbei um leiblichen Erkrankungsformen, wie Morbus-Crohn (Entzündung im Verdauungstrakt), Colitis ulcerosa (entzündliche Darmerkrankung), Anorexie (Magersucht), Herzerkrankungen, allergische Erkrankungen, Asthma, Rückenerkrankungen, Migräne, Neurodermitis, Diabetes u.a., die eine seelische Ursache haben können.

2. Neurotische Erkrankungen

Hierbei handelt es sich um seelische Erkrankungen, wie Ängste, Depressionen, Zwänge, Essstörungen, Süchte, Schlafstörungen, u.a..
Oft ist der Übergang zwischen den psychosomatischen – und neurotischen Erkran-

kungen fließend. Bei dieser Form der neurotischen oder psychischen Erkrankungen ist es möglich, über eine Psychotherapie langfristig bestehende „psychische Muster“ modifizieren und verändern zu können. Es kann dies u.a. durch die tragende und sichere Bindungsbeziehung zur Psychotherapeutin oder zum Psychotherapeuten gelingen. (In der Fachsprache wird von der therapeutischen Beziehung gesprochen und dem sicheren therapeutischen Rahmen)
Wie schon berichtet, ist die menschliche Verbindung zwischen den Klienten und der/dem Therapeutin/en von entscheidender Bedeutung. Der therapeutische Rahmen kann ebenfalls für ein Gefühl der Sicherheit sorgen.

Als tätige Psychotherapeuten unterliegen wir der Schweigepflicht, daher darf keine Information den therapeutischen Rahmen und Raum verlassen, es sei denn, es wurde zuvor eine Schweigepflichtsentbindung vorgenommen.
Zudem sollten die Klienten über eine sog. Introspektionsfähigkeit verfügen.
Sie sollten in der Lage sein, z.B. mögliche Zusammenhänge zwischen ihrer Kindheitssituation und ihrer jetzigen Lebenssituation zu erkennen.

3. Persönlichkeitsstörungen

Die Persönlichkeitsstörungen liegen, meiner Auffassung nach, zwischen den neurotischen Erkrankungen und den psychiatrischen Krankheitsbildern. Es handelt sich hierbei um Erkrankungen, wie die narzisstische Persönlichkeitsstörung oder die Borderlinestörung, usw. Es sind Erkrankungsformen, die sehr früh in der Kindheit angesiedelt sind.

Vermutlich gab es in der Zeit vor dem dritten Lebensjahr Erlebnisse und Erfahrungen, die einen traumatisierenden Charakter hatten und die Seele des kleinen Kindes nachhaltig angegriffen haben. Diese Form der seelischen Erkrankung ist aus meiner Sicht nicht vollständig durch eine psychotherapeutische oder psychiatrische Behandlung veränderbar.

Die Betroffenen müssen ihr Leben lang mit dieser seelischen Einschränkung leben. Es kann lediglich die Lebensqualität durch eine therapeutische Begleitung aufgewertet werden.

4. Psychiatrische Erkrankungen

Hierzu gehören Erkrankungen, wie die der Schizophrenie und Bipolare Störungen, etc.. Bei diesen Erkrankungen sollte unbedingt eine oder ein Psychiaterin/er aufgesucht werden. Oft kommen Menschen mit psychiatrischen Erkrankungen ohne eine medikamentöse Unterstützung nicht aus. Zudem kann es zu Krankenhausaufenthalten kommen.

5. Traumatische Erkrankungen

Hierunter fallen Erkrankungen, wie die posttraumatische Belastungsstörung, die nach stark belasteten psychischen Erlebnissen und Erfahrungen auftreten können, wie dies z.B. bei Soldaten, die aus einem Kriegseinsatz zurückkehren, häufig der Fall ist.

Diese treten auch bei schweren Missbräuchen, Gewalterfahrungen, schweren Autounfällen, Naturkatastrophen oder nach Terroranschlägen oder Amokläufen auf. Traumatisierend können auch schwere Erfahrungen aus der Kindheit wirken. Ebenfalls können Gewalterfahrungen aus der Kindheit, sexuelle Übergriffe, verbale Erniedrigungen zu traumatischen Erfahrungen führen, die das spätere Leben des betroffenen Kindes und späteren Erwachsenen nachhaltig beeinflussen können.

Zu einzelnen seelischen Erkrankungen

Ich werde nun im kommenden Abschnitt noch etwas detaillierter auf einzelne, von mir ausgewählte psychische Erkrankungen eingehen und werde mit den Ausführungen zu den Angsterkrankungen und den Depressionen beginnen:

1. Angsterkrankungen

Angsterkrankungen und Depressionen bilden, meiner Meinung nach, bei den meisten neurotischen Erkrankungsformen die Grundlage für die eigentlichen spezifischen Ausprägungsformen der psychischen Erkrankungen. Entweder treten Ängste und Depressionen ausschließlich als seelische Erkrankung auf. Es gibt auch

Mischformen, bei denen Ängste und Depressionen sich wechselweise zeigen können. Als weitere Variante können untergründig Ängste oder Depressionen, bzw. auch die Mischform, eine Rolle spielen, und es kann zu einer psychosomatischen oder leiblichen Erkrankung kommen. Ebenso können seelische Erkrankungen auftreten, wie z.B. Essstörungen, bei denen auch untergründig Ängste eine große Rolle spielen. Bei Süchten können ebenso Ängste oder Depressionen mit im Spiel sein.
Über das Suchtverhalten versuchen oftmals die Betroffenen die Ängste und Depressionen zu „überspielen“ oder zu „deckeln“.

Angst ist nicht unnötig - sie ist unerlässlich. Ohne sie wären wir nicht lebensfähig und hätten keine Ahnung und kein Gespür für Gefahren oder für die eigenen Grenzen. Wir wären arglos und unvorbereitet den Risiken und Nöten des Lebens ausgesetzt. Angst ist ein wesentliches Element unseres Wirklichkeitssinns und unseres Orientierungsvermögens im Dasein. Sie ist selten ein schlechter Berater, meist ein guter und wichtiger Ratgeber und Helfer. Allerdings muss man sie verstehen lernen … Die Menschen sollten sich ihren Ängsten zuwenden und sollten versuchen herauszuhören, was sie ihnen sagen wollen.

Nun würde ich hier an dieser Stelle nicht über die Angst schreiben, wenn es nur diese positiven Seiten und Funktionen der Angst gäbe.

Seelische Ängste können die Menschen in ihrem Leben auch ganz schön belasten, und sie in ihren täglichen Verrichtungen und Aufgaben einschränken.
Das ist immer dann der Fall, wenn Menschen durch ihre eigenen Ängste gehemmt werden, wenn die Ängste so stark werden, dass sich die Gedanken nur noch mit den eigenen Ängsten beschäftigen. Dann werden Sie in eine Situation hinein kommen, in der Sie Angst vor den Ängsten habe werden.

Neben der ***gewöhnlichen Angstempfindung***, die alle Menschen als Grundempfindung haben, gibt es weitere sog. neurotische Ängste:
Es gibt unterschiedliche Arten von neurotischen Ängsten, wie z.B. die der Spinnenangst.
Ganz viele Menschen haben Angst vor Spinnen oder vor Bienen. Es kann hierfür reale Gründe geben, wenn Sie z.B. gegen Bienenstiche allergisch sind und schon

einmal von einer Biene gestochen wurden und eine allergische Reaktion davon tragen mussten.
Nach einem Erlebnis dieser Art, werden Sie vermutlich unter einer übersteigerten Angst vor einem erneuten Bienenstich leiden. Diese Ängste können sich derartig steigern, dass sich aus einer realen Angst eine neurotische Angst entwickelt.

Spinnenängste sind in der Regel ***neurotische Ängste***. Menschen, die unter Spinnenängsten leiden, projizieren vielfach ihre innerseelischen Ängste in die Spinnen hinein. Hier in Europa bräuchten Menschen vor Spinnen keine Ängste zu haben, weil sie für ihr Leben nicht bedrohlich sein können.

Dann gibt es z.B. die Angst vor dem Fliegen, vor großen Plätzen, in engen Räumen, die Angst vor Prüfungen, vor schweren Krankheiten usw. Meistens sind es übersteigerte Ängste, die Menschen in eine Situation oder in ein Wesen hinein interpretieren.

Dann gibt es neben den schon beschriebenen Ängsten eine weitere verstärkte Ausprägungsform der Angst, die bei den sog. Panikattacken vorliegt. Panikattacken treten häufig unkontrolliert auf. Es handelt sich hier um Angstattacken, die plötzlich in Erscheinung treten und u.a. auch zu körperlichen Symptomen, wie Angstschweiß, Herzrasen, hohem Blutdruck, Schwindel und Luftknappheit führen können. Die betroffenen Personen haben plötzlich Angst und meinen, sie müssten sterben, könnten den Verstand verlieren oder gleich in Ohnmacht fallen.

Meiner Meinung nach haben viele dieser übersteigerten Ängste ihren Ursprung in der frühen Kindheit. Daher möchte ich noch einmal an meine Ausführungen zur Bindungsforschung erinnern.
Wie Sie sich sicherlich erinnern können, gibt es vier verschiedene Bindungsstile.

Ich bin der Auffassung, dass insbesondere innerseelische Ängste häufig bei den Menschen anzutreffen sind, die nicht genügend Sicherheit in ihrer frühen Kindheit, im Kontakt zu ihren Bindungspersonen erfahren haben. Diese Menschen werden mit einer gewissen seelischen Grundverunsicherung ins spätere Leben hinein gehen.

Kommen nun weiteren Belastungen im familiären bzw. beruflichen Umfeld hinzu und werden diese nicht ausreichend durch tragende, menschliche Kontakte ausgeglichen, dann können Ängste als Folgeerscheinung auftreten.

Sie werden die Situation dann, seelisch betrachtet, „nicht mehr im Griff“ haben und werden von ihren Ängsten „überrollt“. Es entstehen Verlust- und Vernichtungsängste, sowie Kontrollverlustängste.

Bei ***Flugängsten*** handelt es sich meistens um die Angst vor dem Kontrollverlust. Sie haben Angst, „die Steuerung über Ihr Leben zu verlieren“. Sie können nicht selbst auf schwierige Situationen reagieren, es handelt ein anderer (der Pilot oder die Pilotin) und Sie sind der/die Ausgelieferte, genauso, wie Sie als kleines Kind vermutlich bestimmten Situationen oder Ereignissen schutzlos ausgeliefert waren und davon abhängig waren, wie Ihre Bindungspersonen auf Ihre Bedürfnisse reagiert haben.

Die ***Angst vor oder auf großen Plätzen*** ordne ich ähnlichen Kindheitserfahrungen zu. Im Bindungskontakt sind Sie ebenfalls nicht genügend gespiegelt und bestärkt worden. Ebenso wie bei der Flugangst, wird es auch in Ihrer Kindheit Phasen gegeben haben, in denen Sie sich klein und unsicher gefühlt haben und keinen ausreichenden Halt bei Ihren Bezugspersonen finden konnten. Dieses Gefühl wird dann wiederbelebt, wenn Sie sich auf großen Plätzen oder neben hohen Häusern befinden. Die Erfahrungen Ihrer Kindheit werden so eindringlich gewesen sein, dass Sie sich mit der seelischen Verarbeitung „im Stich gelassen“ fühlten.
Noch einmal zur Auffrischung: Erlebnisse, die vor der ICH-Nennung (bevor Sie selber zu sich ICH sagen) stattgefunden haben, werden in einer anderen Hirnregion abgespeichert, als Erlebnisse, die nach dem dritten Lebensjahr erfolgten.

Auch bei Ängsten, wie z.B. die ***„Angst vor der Enge in Aufzügen“***, vermute ich „beklemmende“ frühkindliche Erfahrungen. Vielleicht war die Stimmung im familiären Umfeld zu einengend. Bestimmte Erlebnisse oder Ereignisse wurden eventuell sogar „totgeschwiegen“. Über Trennungen, Todesfälle, Erbstreitigkeiten, körperliche oder sexuelle Übergriffe wurde nicht gesprochen.
Die Stimmung zuhause, im Umfeld des Kindes, war bedrückend und einengend, so dass das Kind es im späteren Verlauf der Kindheit möglicher Weise vorgezogen hat, häufiger zuhause fern zu bleiben, um der bedrückenden häuslichen Atmosphäre zu entfliehen.

Aufzüge können dann bei Menschen, die solche beschriebenen Kindheitserfahrungen gemacht haben, verstärkte Ängste hervorrufen, weil sie dann erneut in eine Situation hineingeraten, in der sie nicht (aus der Enge) fliehen können.

In gewisser Weise haben Ihre übersteigerten, neurotischen Ängste auch den Sinn, dass Sie Ihre individuelle Lage, besser verstehen und einordnen können. Das alleinige Verstehen der Ängste wird Ihnen jedoch bei der Bewältigung der Ängste nicht wirklich weiterhelfen. Über das Verstehen können Sie sich Ihren Ängsten erst einmal annähern. Oftmals ist es uns Menschen unangenehm, wenn wir nicht so „funktionieren“, wie es unser Umfeld von uns erwartet. Es gilt die „Ängste durchzustehen und zu überleben“, und wenn nötig auch dafür die Hilfe einer/es fachkundlichen Therapeutin/en in Anspruch zu nehmen. Wenn Sie ein gebrochenes Bein haben, müssen Sie auch eine Zeitlang einen Gipsverband tragen. Genauso sollte die therapeutische Hilfe als sinnvolle Unterstützung angesehen werden, wie z.B. „Gehhilfen“, die sie eine Weile bei Verletzungen z.B. an den Beinen, tragen müssen.

Wenn es Ihnen nach einer Weile, mit Unterstützung des/der Therapeuten/in, wieder besser gehen wird und die Ängste allmählich nachlassen, wird irgendwann der Zeitpunkt auch kommen, wo Sie die weitere Wegstrecke dann alleine fortsetzen können. Im Gegensatz zur Familie und Freunden, die Ihre Ängste oft nicht nachvollziehen können, sie eventuell als übertrieben oder als eingebildet erleben werden, gibt es bei einer „therapeutischen Beziehung“ zu einer/einem Therapeutin/en keine Form der Voreingenommenheit oder Ablehnung. Ganz im Gegenteil, Sie werden sich in einem guten Klienten-Therapeuten Kontakt aufgehoben fühlen und können für Ihr weiteres Leben positive menschliche Erfahrungen sammeln.

Ängste ordne ich eher dem Unsicher-Ambivalenten oder dem Desorganisierten-Bindungsstil (s. Kapitel Bindungsstile) zu.

2. Depressionen

Neben den Ängsten gehören die Depressionen für mich ebenfalls zur ersten großen Gruppe der seelischen Erkrankungen. Auch hier können Zusammenhänge zur

erlebten Kindheit des betroffenen Menschen aufgezeigt werden.
Schon früh haben Menschen, die im Erwachsenenalter eine oder mehrere depressiven Episoden erleben oder chronisch (dauerhaft) depressiv erkranken, einen oder mehrere Bindungsverluste in ihrer Kindheit erlebt. Es kann sich hierbei um tatsächliche, reale Verluste handeln, z. B. wenn ein Elternteil in der Kindheit oder ein Geschwisterkind verstorben ist, und die Trauer und die damit einhergehenden Gefühle und Gedanken in der Familie „unterdrückt" wurden.

Der Autor André Green hat in seinem Buch „Die tote Mutter" (2004) folgendes dargelegt: „Die Mutter ist aus diesem oder jenem Grund depressiv geworden. Dabei kommen die unterschiedlichsten Auslösefaktoren in Frage. Natürlich ist eine der Hauptursachen einer solchen mütterlichen Depression der Verlust eines geliebten Wesens: ein Kind, die Eltern, ein naher Freund …, ein Schicksalsschlag in der Kern- oder Herkunftsfamilie, eine Liebesaffäre des Vaters, der die Mutter verlässt, eine Demütigung usw..

Immer ist die Trauer der Mutter und ihr schwindendes Interesse für das Kind von ausschlagender Bedeutung … Der frühe Tod eines Kindes wiegt am schwersten … Die Veränderung, die im Seelenleben eines Kindes in dem Moment eintritt, indem die Mutter, von plötzlicher Trauer überwältigt, alle Besetzung abrupt von ihrem Kind (noch lebendem Kind) abzieht, wird als Katastrophe (vom Kind) erlebt: … deshalb, weil die Liebe ohne jedes Vorzeichen und ganz unvermittelt verloren war". S.241

Neben dem tatsächlichen Verlust eines Menschen, kann es auch schon in der kindlichen Entwicklung der Eltern einschneidende Kindheitserlebnisse gegeben haben, die es den Eltern oder Bindungspersonen erschweren, sich emotional auf das Kind einzulassen.
Dieses Kind wird von vorne herein die eigenen Impulse unterdrücken und wird sich meistens sehr stark den Erfordernissen seiner Bezugspersonen anpassen.
Die seelische Bindungsbeziehung entspricht in solchen Fällen oftmals dem Vermeidenden-Bindungsstil, so dass das Kind eigene Lebensimpulse ständig unterdrückten muss und auch im Kontakt zu seinen Bindungspersonen keine Unterstützung im Umgang mit Konfliktsituationen erhalten wird. Konflikte und Probleme werden in

solchen Familien in der Regel unterdrückt, abgewehrt, bagatellisiert und nicht gelöst. Kommen dann im Erwachsenenleben weitere belastende Faktoren aus dem Umfeld oder dem Arbeitsbereich auf diese Menschen zu, werden sie nicht adäquat oder situationsgemäß auf diese schwierige Lage reagieren können. Diese Menschen werden dann in den kindlichen Reaktionsmechanismus zurück fallen, sie „werden seelisch immer kleiner, werden zunehmend innerlich verstummen und keine „passenden Verhaltensweisen“ finden, um auf die Belastungen angemessen reagieren zu können.

Erschwert wird die Situation ebenfalls, wenn die Bindungsperson dem Kind auch noch eigene Vorstellungen „überstülpen möchte“, wenn z.B. die schulische und berufliche Ausrichtung des Kindes von den Bindungspersonen festgelegt und dem Kind vorgeschrieben werden. Kinder, die in ihrer Kindheit in dieser beschrieben Weise behandelt wurden, können verstärkt an Depressionen im späteren Alter erkranken.

Menschen, die sich in einer depressiven Phase befinden, oder unter einer chronischen Depression leiden, zeigen …

- eine gedrückte Stimmung,
- sind in ihrem Antrieb eingeschränkt,
- lassen sich schlecht motivieren,
- fühlen sich schon bei kleinen Schwierigkeiten überfordert,
- eine verminderte Aufmerksamkeit,
- ein geringes Selbstempfinden,
- schnell Schuldgefühle,
- einen verminderten Appetit,
- oftmals Schlafstörungen,
- bei schwerwiegenden Depressionen auch Suizidgedanken,
- in schwierigen Fällen auch Suizidhandlungen

Als Kinder- und Jugendlichen-Psychotherapeutin möchte ich hier an dieser Stelle in Verbindung mit Depressionen noch auf zwei weitere Faktoren hinweisen.

1. Depressionen können bereits bei Säuglingen auftreten, sie zeigen sich in diesem Falle u.a. auch in einer Appetitlosigkeit, Verweigerung der Nahrungsaufnahme, Ein- und Durchschlafschwierigkeiten, in einer vermehrt weinerlichen Grundgestimmtheit und in einer schwachen Kontaktaufnahme zwischen dem Kind und seinen Bezugspersonen.

2. Eltern, die unter depressiven Phasen oder Depressionen leiden, sind auch für die Kinder sehr belastend. Sollte ein Elternteil über einen längeren Zeitraum betroffen sein, sollte in beiden Fällen (P. 1. und P. 2.) eine/ein geeignete/r Fachfrau/-mann aufgesucht werden.

Falls Sie Menschen in Ihrem Umfeld oder an Ihrem Arbeitsplatz kennen sollten, auf die mehrere der beschriebene Aspekte zutreffen, dann sprechen Sie diese Menschen in einer angemessenen, freundlichen Weise an, möglichst unter vier Augen und Ohren.

Mein persönliches Motto:

Lieber sollte ein betroffener Menschen einmal mehr, als zu wenig angesprochen werden!
Die Möglichkeit der Kontaktaufnahme mit dem Betroffenen wird in vielen Fällen noch viel zu wenig genutzt. Vielleicht, weil die Menschen Angst vor der Zurückweisung haben oder psychische Schwierigkeiten immer noch in der Gesellschaft tabuisiert werden;
Vielleicht aber auch, weil die Menschen es nicht ausreichend gelernt haben, Schwierigkeiten zu thematisieren oder bei den Problemen der anderen Menschen zugleich an die eigenen „Baustellen“ erinnert werden.
Es mag noch eine Menge anderer Gründe geben, die Menschen davon abhalten können, ihre Mitmenschen anzusprechen.

Ich möchte Sie ermuntern, Ihre Beobachtungen mit der oder dem Betroffenen auszutauschen!!! Menschen mit psychischen Schwierigkeiten kann in den meisten Fällen gut geholfen werden!!

3. Süchte

Pater Anselm Grün hat in einem seiner zahlreichen Bücher einmal darauf hingewiesen, dass es einen Zusammenhang zwischen einer unerfüllten Sehnsucht im eigenen Leben und den vielen Formen der Süchte gebe könnte. Dort, wo die Sehnsucht nach ausreichender menschlicher Bestätigung und menschlicher Wärme in der Kindheit, aber auch im Verlauf des weiteren Lebens, ausgeblieben seien, bei diesen Menschen könnten Süchte im Erwachsenenalter auftreten. Die Menschen versuchen dabei, ihr „seelisches Lochgefühl", ihre innere Leere und ihr ungestilltes Bedürfnis nach menschlicher Wärme und Zuwendung mit „Ersatzmitteln" zu füllen.
Wie singt Herbert Grönemeyer in seinem Lied „Alkohol", „Alkohol ist ein Sanitäter in der Not, ... Alkohol ist das Schiff mit dem du untergehst ..."
Oftmals beginnt der Griff nach der Flasche oder anderen Drogen und Betäubungsmitteln mit Ängsten oder Depressionen.

Ein Grundgefühl und -bedürfnis der Kindheit ist unerfüllt geblieben und über den Kaufrausch, die Internet- bzw. Computersucht, die Spielsucht, die verschiedensten Suchtmittel, bis hin zu einer Sex-Sucht mit häufig wechselnden Geschlechtspartnern versuchen die Menschen zum einen ihre oft vorhandenen Ängste und Depressionen im wahrsten Sinne des Wortes zu „überspielen". Auf der anderen Seite soll die innere Sehnsucht „gestillt" und befriedigt werden.
Außerdem nutzen viele Menschen insbesondere den Alkohol in unserer reizüberfluteten Welt, um zur Ruhe kommen zu können, um abzuschalten und abends besser einschlafen zu können. Zudem wurde und wird Alkohol bei fast jeder gesellschaftlichen, festlichen sogar sportlichen Veranstaltung gereicht.
Menschen, die keinen Alkohol trinken, galten lange Zeit als „Spielverderber" und wurden aufgrund ihrer Abstinenz belächelt und teilweise sogar ausgelacht. Menschen, die aufgrund ihrer kindlichen Vorerfahrungen eher unsicher aufgewachsen sind, für die ist es besonders schwer, selbstbewusst bei Feiern oder gesellschaftlichen Anlässen aufzutreten und den Alkohol abzulehnen. Das Bedürfnis, „mit dazu gehören zu wollen" ist für diese Menschen mit einem mangelnden Selbstempfinden besonders groß, und so kann dieser betreffende Mensch, je nachdem in welcher gesellschaftlichen Position er sich befindet und wie oft er an sog. gesellschaftlichen

„Verpflichtungen“ teilnehmen muss, schnell mal in eine Abhängigkeit hineinrutschen. Menschen, die dann z.B. alkoholabhängig werden und den Versuch wagen, aus der „Negativspirale“ herauszukommen, für die ist es besonders schwer, bewusst auf den Alkohol zu verzichten und bei allen gesellschaftlichen Veranstaltungen keinen Alkohol zu trinken.
Daher „ziehe ich meinen Hut“ vor diesen Menschen, die den schweren Weg beschreiten und sich zudem zu ihrer Alkoholerkrankung bekennen. Denn Alkoholiker bleiben die Betroffenen ein Leben lang.

Zudem können auch Sie als Führungskräfte ihre Mitarbeiter entlasten, indem grundsätzlich bei Firmenfeiern kein Alkohol mehr ausgeschenkt wird. Gehen Sie mit einem guten Beispiel voran und greifen auf alkoholfreie Getränke zurück.
Eine Firma, die in diesem Sinne handelt, kann sich durch eine solche positive Maßnahme selbst aufwerten, da hier wertschätzend auf Mitarbeiter eingegangen wird. Die Stimmung wird dadurch nicht beeinträchtigt.

Für alle Formen von Süchten gibt es spezielle Anlaufstellen, Selbsthilfegruppen, Fachkliniken oder Kliniken mit einer Fachabteilung, Psychiater, Psychotherapeuten, Ärzte oder Seelsorger, die weiterhelfen können.

4. Essstörungen

Bisher noch nicht erwähnt habe ich die Gruppe der Essstörungen, die noch mit zu den Süchten hinzugezählt werden können.
In erster Linie werden drei verschiedene Formen von Essstörungen unterschieden:

1. Die Magersucht (Anorexie)
2. Die Übergewichtssucht mit Fressattacken (Adipositas)
3. Heißhungeranfälle, große Mengen an Lebensmitteln werden verzehrt und anschließend durch Erbrechen oder Abführmittel abgeführt (Bulimie)

Zu 1. Anorexie (Magersucht)

Die Magersucht ist die gefährlichste Form der Essstörungen, weil Magersüchtige

oftmals zu viel Gewicht verlieren, und es sich daher um eine lebensbedrohliche Erkrankung handelt. Herbeigeführt wird die Reduzierung des Gewichtes durch Fasten, künstlich erzeugtes Erbrechen, durch übermäßige sportliche Aktivitäten, ebenso durch den Einsatz von Abführmitteln.
Häufig beginnt die Erkrankung in der Pubertät, da es in dieser Phase um die „Abnabelung“ des Kindes von den Eltern geht. Mädchen sind häufiger von der Magersucht betroffen, als Jungen. Der sich entwickelnde Mensch möchte und muss den eigenen Weg finden.

Dadurch sind familiäre Konflikte zwischen dem jungen Menschen und den Eltern vorbestimmt. Die Konflikte dienen dem/der Heranwachsenden als Abgrenzungsmöglichkeit von den elterlichen Vorstellungen.
Alle bestehenden Regeln und familiären Vorgaben werden in Frage gestellt und müssen oftmals erst einmal abgelehnt werden, um sich selbst auf diese Weise finden zu können.

Werden die Schwierigkeiten in den betreffenden Familien nicht ausreichend gelöst, oder das Kind in seiner Ablehnungshaltung nicht richtig verstanden, dann kann sich insbesondere bei jungen Frauen ein sogenannter Autonomie-Abhängigkeitskonflikt entwickeln, der in einer Magersucht münden kann.
Zudem spielt auch gerade bei den heranwachsenden Mädchen der „gesellschaftliche Druck“ eine gewisse Rolle. Es möchte genauso gut aussehen, wie die Mädchen in den Zeitschriften oder wie die Freundinnen. Sie möchte schlank sein, um dazu zu gehören, zur Gruppe, aber auch, um attraktiv und begehrenswert zu sein.
Drei Viertel der Menschen mit einer Magersucht, bekommen diese eigene Krise durch entsprechende Therapien in den Griff, bei einem Viertel wird die Erkrankung bestehen bleiben, und diese Frauen werden (in erster Linie) ein Leben lang mit der Kontrolle ihres Gewichtes beschäftigt sein.

Da sich Magersüchtige selbst oft als aktive Menschen voller Energie erleben, gibt es in Verbindung mit der eigenen Körperwahrnehmung eine Beeinträchtigung.
Da die Erkrankung, zu den lebensbedrohlichen gehört und magersüchtige Menschen in der Einschätzung der eigenen Lebenssituation diese häufig verharmlosen,

sollte, sobald der Eindruck einer Magersucht vorliegt, dieser darauf angesprochen werden.

Zu 2. Adipositas (Übergewicht)

Bei der Adipositaserkrankung haben die Betroffenen mit Übergewicht zu „kämpfen“. Zu Übergewicht kann es unter anderem bei Stoffwechselerkrankungen kommen. In den meisten Fällen wird es sich aber um ein Übergewicht handeln, bei dem die seelische Komponente eine wesentliche Rolle spielt.
Die betroffenen Frauen und Männer essen, um u.a. Druck und Spannungen abzubauen, um eigene Gefühle nicht mehr spüren zu müssen, wie Gefühle der Einsamkeit, Leere, Sehnsucht nach Geborgenheit und Anerkennung. Gerade auch bei depressiv gestimmten Menschen kann es zu Übergewicht kommen.
Übergewicht kann hervorgerufen werden durch Fressattacken, Daueressen und durch das Gefühl, nicht satt werden zu können, sowie durch regelmäßiges nächtliches Essen.
Genauso wie bei der Magersucht ist meistens auch die Körperwahrnehmung bei den übergewichtigen Menschen beeinträchtigt.
Bildlich gesprochen essen sich Übergewichtige einen gewissen „Schutzring“ an, um nicht mehr alles fühlen oder wahrnehmen zu müssen. Wie schon bei den alkoholkranken Menschen erwähnt, wird bei einer Reduzierung des Gewichtes die seelische Problematik „ans Tageslicht“ kommen. Daher ist es für übergewichtige Personen, die eine Beteiligung der eigenen Seele im Zusammenhang mit ihrem Übergewicht vermuten sinnvoll, dass sie sich beim Abnehmen auch psychotherapeutisch begleiten lassen, oder eine Selbsthilfegruppe aufsuchen.

Zu 3. Bulimie

(Fressanfälle, die über Erbrechen und Abführen kompensiert werden)

„Bei der Bulimie bleibt das Gewicht normal, das Essverhalten aber ist ungewöhnlich: Heißhungeranfälle, bei denen in meist weniger als zwei Stunden große Mengen von Lebensmitteln verzehrt werden, wechseln sich mit Brech-Attacken oder dem

Gebrauch von Abführmitteln ab, wodurch die zuvor verzehrten Essmengen wieder „entsorgt" werden - zumeist unter großer Belastung des Stoffwechsels, Kreislaufes und der Speiseröhre.
„Wenigstes zwei Fressattacken in der Woche über mindestens drei Monate und ein beständiges Beschäftigt-Sein mit der eigenen Körperfigur gehören ebenfalls dazu".
Jochen Schweitzer/Arist von Schlippe, „Lehrbuch der systemischen Therapie und Beratung 2", S. 183
Im Gegensatz zur Anorexie und zur Adipositas, ist die Bulimie nicht unbedingt sichtbar, da das Körpergewicht äußerlich betrachtet konstant bleibt, wobei es auch Mischformen geben kann, z.B. eine bulimische Anorexie bzw. eine bulimische Adipositas Störung.

5. Zwänge

In der Fachliteratur werden drei grundsätzliche Formen von Zwängen unterschieden:

1. Zwangsgedanken
2. Zwangshandlungen
3. Eine Mischform von Zwangsgedanken und Zwangshandlungen

Zwängen der unterschiedlichsten Art liegen häufig massive seelische Verunsicherungen zu Grunde. Zwänge dienen daher aus meiner Sicht der Eigenstabilisierung der Seele.

Bei den Zwangsgedanken, kreisen die Gedanken des Menschen häufig um ein und denselben Sachverhalt. Befürchtungen und Ängste können zu bedrohlichen inneren Bildern führen, die immer wiederkehren. Oft fühlen sich die Betroffenen wie Gefangene ihrer eigenen Vorstellungen.
Bei Zwängen stellt sich die Frage nach der Ausprägung:
Die Frage sollte immer lauten, inwiefern der Betroffene und die Menschen seines Umfeldes unter den Zwängen leiden. Bis zu einem bestimmten Grad sind auftretende Zwänge integrierbar in den Lebensalltag, falls sie aber ein bestimmtes Maß überschreiten sollten, werden sie zur Belastung für alle Beteiligten.
Bei den Zwangshandlungen treten bestimmte Handlungen immer wieder stereotyp auf.

Die Handlungen, die mehrfach wiederholt werden, können ganz unterschiedlicher Art sein. Meistens sind es Handlungen des Alltags, wie Händewaschen, Zähneputzen, sich die Jacke anziehen, Türen berühren, etc.. Das Wiederholen der Handlung soll das Gefühl des Kontrollverlustes, der eigenen Verunsicherung ersetzen. Wenn die Betroffenen bestimmte Handlungen so oft wiederholen müssen, dass sie dadurch bedingte Einschränkungen in ihrem Alltag in Kauf nehmen müssen, ist dringend Hilfe erforderlich.
Je nach Ausprägung der Zwänge ist eine Psychotherapie erforderlich oder auch der Aufenthalt in einer entsprechenden Fachklinik, um die seelische Befindlichkeit der betroffenen Personen zu stabilisieren. Eine Psychiaterin oder ein Psychiater sollte zur Abklärung der individuellen Lage der/des Betroffenen auf alle Fälle ebenfalls aufgesucht werden.

6. Narzisstische Persönlichkeitsstörung

Die narzisstische Persönlichkeitsstörung ist eine von mehreren möglichen Formen von Persönlichkeitsstörungen. Da sie aber sehr häufig in unserer Gesellschaft vorkommt, möchte ich sie auf diesem Wege beschreiben.
Eine Persönlichkeitsstörung geht, wie eingangs schon erwähnt, über eine neurotische Störung hinaus. Sogenannte neurotisch bedingte, seelische Störungen lassen sich aus meiner Sicht über eine psychotherapeutische Behandlung gut in den Griff bekommen. Bei Persönlichkeitsstörungen ist über eine psychotherapeutische Hilfestellung sicherlich eine Verbesserung der Gesamtsituation des betroffenen Menschen phasenweise erreichbar, dennoch ist eine grundsätzliche Veränderung des eingeschränkten Weltbildes aus meiner Sicht nicht möglich.
Ich wähle jetzt ein eigenes erdachtes Bild, um Ihnen die besondere Sichtweise eines narzisstischen Menschen zu beschreiben.

Beschreibung meines Bildes

Jeder Mensch trägt eine Seele in sich. Als Vorstellungsbild für die Seele, wähle ich in diesem Falle den Mandelkern.
Wir alle tragen einen Mandelkern in uns, der bei einem Menschen mit einem gesunden

Seelenerleben, in seiner herkömmlichen Form eingebettet, in seiner Schale in unserem Inneren ruht.
Kommt es nun aufgrund unserer familiären oder persönlichen Situation zu neurotischen Verhaltensweisen und Mustern, wird dieser Mandelkern in eine gewisse Verunsicherung hinein geraten, er reagiert irritiert. Es wird zu Ängsten oder einem depressiven Rückzug kommen, jedoch wird der Mandelkern in seiner Grundbeschaffenheit unversehrt bleiben. Durch eine liebevolle, ruhige, fachliche und menschliche Begleitung wird der Mandelkern seine Irritation zunehmend verlieren und seine Gelassenheit wiederfinden.

Bei Menschen mit einer narzisstischen Persönlichkeitsstörung kann es aufgrund von schwerwiegenden Erlebnissen und Erfahrungen zu einer Schädigung der Schale des Mandelkerns kommen. Ein Stück dieser Schale ist irgendwann heraus gebrochen und hat bei diesen Mitmenschen eine nicht ersetzbare Lücke, oder sogar ein größeres Loch hinterlassen.
Das herausgebrochene Schalenstück bleibt aber unauffindbar für den „geschädigten Menschen“.

Nun gehören gerade die narzisstischen Menschen häufig zu den künstlerisch begabten Menschen. Sie sind erfindungsreich, können Geschichten verdrehen, neue Geschichten kreieren und haben oft eine stark ausgeprägte künstlerische Fähigkeit. Immer wird ihr Ideenreichtum nur dem einen Zweck dienen, einen Weg zu finden, um dieses verloren gegangene Schalenstück zu ersetzen und die Lücke zu schließen.

Doch alle ihre Bemühungen werden nicht ausreichen, um die Lücke zu füllen.
Das Lochgefühl wird bestehen bleiben.
Der narzisstisch ausgerichtete Mitbürger kreist in seinen Vorstellungen nur um sich und seine eigene Befindlichkeit. Ihm und ihr soll es gut ergehen, alles wird so gedreht und gewandelt, bis es den Vorstellungen und den Bedürfnissen eines narzisstischen Menschen nahezu entspricht.

Weil es dem narzisstischen Menschen aber dennoch nicht gelingen wird, dem Lochgefühl zu entfliehen, werden auch noch seine Mitmenschen dazu angehalten, seine Wunschvorstellungen zu erfüllen.

Kinder oder Ehepartner, die diesem narzisstischen Familienmitglied helfen wollen, sollen seine oder ihre ständige Unerfülltheit und Unzufriedenheit spüren, sowie die seelische Spannung wahrnehmen, unter der dieser Mensch steht. Familienmitglieder und Angehörige werden alles versuchen, um den Seelenfrieden dieses Menschen wieder herzustellen. Doch sie können den Forderungen des narzisstischen Menschen nicht gerecht werden, da die Vorstellungen unerfüllbar sind. Die Lücke und das Schalenstück bleiben unersetzbar.
Was als Reaktion und Konsequenz für die Familienmitglieder und Freunde folgen wird, weil die Vorstellungen und Wünsche des Narzissten nicht befriedigt werden konnten, kann kaum in Worte gefasst werden:

Die durch die Unerfüllbarkeit der Wünsche im Inneren aufgebauten Spannungen im Narzissten erzeugen eine explosionsartige Gewitterstimmung, die sich bei der kleinsten Unstimmigkeit entladen wird. Egal, ob sich dann ein Familienmitglied, ein Freund, ein Arbeitskollege oder sonst ein Lebewesen in der Nähe befinden wird, es „braust ein Gewitter mit heftigen Sturmböen heran“, bei dem jeder „Sterbliche“ ins Wanken geraten wird. Der Narzisst wird jeden Menschen in seiner Nähe entwerten, und diese müssen Beschimpfungen und verbale Erniedrigungen über sich ergehen lassen.
Hat der Narzisst sich von seiner aufgestauten Spannungen dann befreit, wird wieder Frieden herrschen.

Die Mitmenschen in seinem Umfeld werden sich aber nur langsam von der Gewitterstimmung erholen, doch weil sich die Situation entspannt hat und der narzisstische Mensch wieder ganz freundlich und menschlich reagiert, wird die Hoffnung stets aufs Neue aufkeimen, es könnte sich alles normalisieren …
bis das nächste Gewitter „im Anmarsch“ sein wird und sich erneut entladen wird …

Für alle Menschen, die mit meiner Schilderung eigene Erfahrungen mit Menschen ihres Umfeldes oder ihrer Familie bzw. ihres Freundeskreises verbinden, möchte ich an dieser Stelle Mut machen und sie entlasten!!!

Narzisstische Personen haben unerreichbare Wünsche. Sie können sich als Angehöriger/e oder Freund/in noch so sehr bemühen, Sie können Ihre Bedürfnisse in den Hintergrund stellen, Ihr Leben auf Ihre narzisstischen Mitmenschen ausrichten, Sie werden sie trotzdem nicht zufriedenstellen können!

Diese Tatsache ist insbesondere für Kinder und Partner von Menschen mit narzisstischen Störungen schwer auszuhalten!

Sie werden die unbewusst formulierten Forderungen spüren, werden diesen Menschen lieben, ihn unterstützen, ihm helfen und Sie bemühen sich, den Wünschen zu entsprechen. Sie werden aber dennoch immer wieder von ihm „niedergemacht und beschimpft“.

Helfen kann da nur eine „übergeordnete Sicht auf die Zusammenhänge“: Der/die narzisstisch Betroffene leidet unter einer psychischen Erkrankung und möchte diese möglichst in den Griff bekommen, möchte die Schale vervollständigen. Sie/Er liebt ihre/seine Mitmenschen. Der Blick dieses Menschen ist aber verstärkt auf die eigene Befindlichkeit gerichtet und nicht auf die der Menschen im Umfeld des Narzissten, was aber nicht bedeuten muss, dass der Narzisst, die Narzisstin die eigenen Familienmitglieder weniger lieben würde. Die Liebe ist vermutlich genauso stark vorhanden, die Entwertungen ergeben sich aus der seelischen Not des Narzissten, nicht, weil er seine Familienmitglieder verletzen möchte.

7. Borderlinestörung

Wie der Name es schon zum Ausdruck bringt, handelt es sich bei der Borderline Störung (Grenzlinie) um eine psychische Erkrankung, die sich auf der Grenzlinie zwischen (aus meiner Sicht) einer neurotische und einer psychiatrischen Erkrankung befindet. Sie gehört rein formal betrachtet zu den Persönlichkeitsstörungen.
In ihrer Ausprägung empfinde ich sie aber im Vergleich zur narzisstischen Störung noch einmal als gesteigerte Form einer Persönlichkeitsstörung.

Es gibt in Fachkreisen die Auffassung, das Borderline-Erkrankungen in der frühen

Kindheit (1-3 Lebensjahr) durch ein grenzüberschreitendes Verhalten der Bezugspersonen verursacht wurden. Kindlicher Missbrauch, Gewalttätigkeiten dem Kind gegenüber, aber auch grenzüberschreitende Verhaltensweisen, bei denen das Kind mit anwesend war, können auslösend gewirkt haben.

Die Menschen, die unter einer Borderline-Symptomatik leiden, verfügen über ein unsicheres Selbstbild. Die Stimmungen schwanken ständig zwischen Idealisierung und Entwertung. „Kennzeichen sind Instabilität und die Neigung der Betroffenen, signifikante Andere als nur gut oder nur schlecht/böse wahrzunehmen“.
Jochen Schweitzer/Arist von Schlippe, „Lehrbuch der …“, S. 140
Es ist diesen Betroffenen nicht möglich, ihre Mitmenschen mit „guten und bösen Anteilen“ als ganze Menschen wahrzunehmen.

Diese Menschen leiden, noch stärker als die „Narzissten“, unter inneren Spannungen, die sie oftmals nur über selbstverletzendes Verhalten abbauen können. Ebenso, wie bei den Menschen mit einer narzisstischen Persönlichkeitsstörung, handelt es sich bei vielen, der von einer Borderline Störung betroffenen Menschen, um sehr künstlerisch begabte Personen. Es fällt „Borderlinern“ schwer stabile Bindungen aufzubauen, und sie suchen sich häufig Menschen als Partner/innen aus, die ebenfalls in ihrem seelischen Empfinden eher instabil reagieren.

Dieser kleine Überblick über die unter Punkt 1-7 aufgeführten seelischen Erkrankungen soll Ihnen die Möglichkeit geben, verständnisvoller und wertschätzender auf betroffene Mitmenschen in Ihrem Arbeitsumfeld eingehen zu können. Da die meisten Menschen meistens über viel zu wenige Kenntnisse bezüglich dieser Erkrankungen verfügen, wollte ich Ihnen mit diesen Ausführungen, einen kleinen Leitfaden mit an die Hand geben.

Zusammenfassung und Ausblick

Mit diesem Buch wollte ich Sie auf der einen Seite ermutigen, sich mit Ihrem Leben und Ihren mit ihm verbundenen Erlebnissen und Empfindungen zu beschäftigen. Das eigene Leben zunehmend besser verstehen, und die eigenen „Lebensspuren“ darin entdecken zu können, kann spannend und zugleich erfüllend sein. Vor allen Dingen werden Sie die Möglichkeit haben, Ihr Leben nun zunehmend selbst, gemäß Ihrer eigenen Wünsche und Vorstellungen, „in die Hand zu nehmen“.
Und: Sie können die Gefahr minimieren, aus dem inneren Gleichgewicht zu geraten, seelisch zu erschöpfen oder gar zu erkranken. Sie werden im Gegenteil, durch die Beachtung der eigenen Rhythmen und die Beschäftigung mit sich selbst, seelisch und leiblich gestärkt.

Auf der anderen Seite wird es Ihnen über die Beschäftigung mit den eigenen Empfindungen und Lebensmustern zukünftig besser gelingen, sich auf die Befindlichkeit Ihrer Mitmenschen einzustellen. Menschlichkeit und Wertschätzung zu erfahren und sie gleichzeitig geben zu können, dient dem Erhalt des eigenen Wohlbefindens und der eigenen Gesundheit.

Wie schon mehrfach erwähnt, gehören die Gefühle der Anerkennung und Akzeptanz und der Wunsch nach Bindungssicherheit im Kontakt zu unseren Mitmenschen, zu den lebenslangen Grundbedürfnissen eines Menschen. In einer Atmosphäre der gegenseitigen Würdigung und Achtung lässt es sich gesünder, ruhiger und zufriedener leben. Doch der Weg zu einer menschenwürdigeren Gesellschaft wird aus meiner Sicht nur über die Beschäftigung mit den eigenen Gefühlen und dem eigenen Leben möglich sein.

Wie Ihre Kindheit auch verlaufen sein mag, diese Zeit und die damit verbundenen Prägungen lassen sich nicht rückgängig machen! Aber Sie können Ihre Erfahrungen für die eigene Weiterentwicklung nutzen. Kleine Verhaltensänderungen, sowie die als Fokussierung nutzbaren „achtsamen Aufwachmomente", können Ihre bisherigen familiären und gesellschaftlichen Muster erweitern und erneuern. Eine Veränderung des eigenen Lebens ist zu jeder Zeit möglich!

Jedoch wird sie nur gelingen, wenn jeder Einzelne sein eigenes Leben tatsächlich und tatkräftig „in die Hand" nimmt. Aktives Handeln und Üben und ausreichende menschliche Kontakte sind die Voraussetzung dafür, bestehende Muster zu erweitern.
Die in der Einleitung gestellte Frage, ob es einen möglichen Zusammenhang zwischen den gesellschaftlichen Veränderung und der Zunahme der seelischen Erkrankungen geben könnte, kann ich am Ende dieses Buches beantworten:
Da sich vor allen Dingen die dargelegten Faktoren (Reizüberflutung, familiäre Belastungen, Medienkonsum usw.) vehement verschärft haben, geraten die Menschen schneller unter Druck. Zudem leben Sie und ich in einer eher konfliktvermeidenden Gesellschaft, in der Schwächen und Lebenskrisen nicht als normal und zum Menschen dazugehörig erlebt werden, sondern als belastend und fremdartig.

Dieses vermeidende und verdrängende Verhalten hat unter anderem zur Folge, dass Traumatisierungen aus dem Kriege, sowie Konflikte in Familien, nicht bearbeitet sondern im Gegenteil, geleugnet werden. Unverarbeitete Konflikte können dann in nachfolgenden Generationen erneut „an die Oberfläche" gelangen, um schließlich doch noch wahrgenommen und verwandelt zu werden. Ebenso können durch häufigere Arbeitsplatzwechsel, einen Arbeitsplatzverlust, Trennungen oder besondere familiäre Belastungen verstärkt Unsicherheiten hervorgerufen werden.

Die mediale Vernetzung hat zwar viele neue Möglichkeiten geschaffen. Meinem Erleben nach haben aber, durch den Medienkonsum bedingt, die eigentlichen stützenden menschlichen Kontakte abgenommen und auch diese Tatsache kann Verunsicherungen zur Folge haben.

Zusammengenommen führen alle genannten Aspekte zu einer Verschärfung der seelischen Situation von Menschen. Zu Ihrem grundsätzlichen Bindungsmuster (83,3 Prozent sind Nicht-Sicher-Gebunden) und einer damit einhergehenden Unterdrückung eigener Bedürfnisse, Rhythmen und Gefühle, sowie der Anpassung an die elterlichen Vorstellungen, gesellen sich die anderen zuvor genannten belastenden

Faktoren, noch hinzu. Aus diesem Grunde gehe ich davon aus, dass sich der seelische Druck der Menschen um ein Vielfaches erhöht haben muss.
Daher ist erklärbar, warum die Erschöpfungszustände und seelischen Erkrankungen der Menschen zugenommen haben!

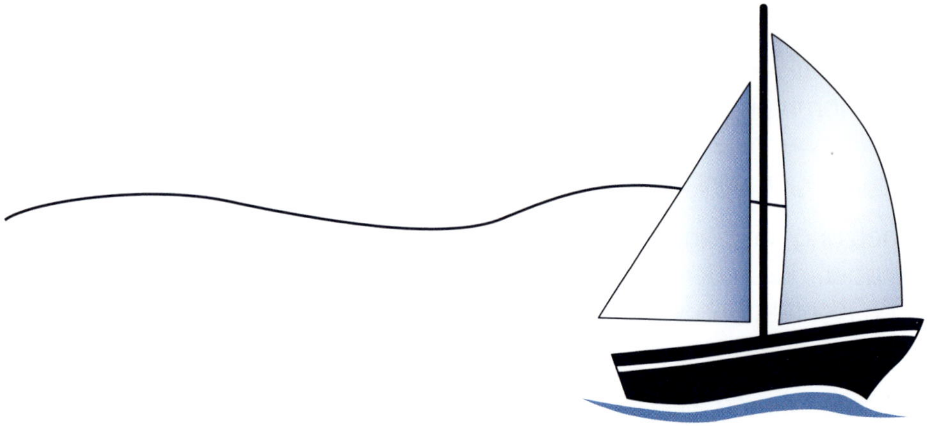

Literatur:

George und Olivia O´Niel (2002): Der Lebenslauf, Lesen in der eigenen Biografie, Verlag freies Geistesleben, Stuttgart

Gudrun Burkhard (2002): Das Leben in die Hand nehmen, Arbeit an der eigenen Biographie, Verlag freies Geistesleben, Stuttgart

Gudrun Burkhard (1999): Schlüsselfragen zur eigenen Biografie, Ein Arbeitsbuch, Verlag freies Geistesleben, Stuttgart

Markus Treichler (1995): Biographie und Krankheit, Wendepunkte im Lebenslauf, Urachhaus Verlag, Stuttgart

Markus Treichler (2003): Flensburger Hefte Band 82, Flensburger Hefte Verlag

Volker Fintelmann (2007): Intuitive Medizin - Anthroposophische Medizin in der Praxis, Hippokrates Verlag, Stuttgart

Mathias Wais (2011): Ich bin, was ich werden könnte, Verlag Johannes M. Mayer, Stuttgart

Wolfgang Held (2006): Vier Minuten Sternenzeit, Falter, Verlag freies Geistesleben, Stuttgart

Rudolf Steiner (1931): Anthroposophie, Psychosophie, Pneumatosophie, Philosophisch-Anthroposophischer Verlag, Dornach (Schweiz)

Husemann Wolff (1993): Das Bild des Menschen als Grundlage der Heilkunst, Band 3, Verlag freies Geistesleben, Stuttgart

Arist von Schlippe, Jochen Schweitzer (2002): Lehrbuch der systemischen Therapie und Beratung, Vandenhoeck und Ruprecht Verlag, Göttingen

Arist von Schlippe, Jochen Schweitzer (2009): Lehrbuch der systemischen Therapie und Beratung (Fortsetzungsband), Vandenhoeck und Ruprecht Verlag, Göttingen

Prof. Dr. Richard Michaelis (2006): Die ersten fünf Jahre im Leben eines Kindes, Wie sich ihr Kind entwickelt - vom Baby bis zum Vorschulkind, Knaur Ratgeber Verlag, München

Jeremey Holmes (2002): John Bowlby und die Bindungstheorie, Ernst Reinhardt Verlag, München und Basel

John Bowlby (1995): Elternbindung und Persönlichkeitsentwicklung, Therapeutische Aspekte der Bindungstheorie, Dexter Verlag, Heidelberg

John Bowlby (2001): Das Glück und die Trauer, Herstellung und Lösung aktiver Bindungen, Klett-Cotta Verlag, Stuttgart

John Bowlby (2006): Verlust, Trauer und Depression, Ernst Reinhardt Verlag, Stuttgart

Gerhard Roth (2003): Fühlen, Denken, Handeln, Wie das Gehirn unser Verhalten steuert, Suhrkamp Taschenbuch Wissenschaft, Frankfurt am Main

Gerald Hüther, Uli Hauser (2012): Jedes Kind ist hochbegabt, Albrecht Knaus Verlag, München

Philipp Pozzo Di Borgo, Jean Vanier, Laurent De Cherisey (2012): Ziemlich verletzlich, ziemlich stark, Hanser Verlag, Berlin

Martin Dornes (2000): Die emotionale Welt des Kindes, Fischer Taschenbuch Verlag, Frankfurt am Main

Psychologie Heute Compact (Heft 25, 2010): Die Kindheit, Belz Verlag, Weinheim

Elisha Goldstein, Lienhard Valentin (2010): @ work, Stressbewältigung durch Achtsamkeit im beruflichen Alltag, Freiburg

Miriam Meckel (2010): Brief an mein Leben, Erfahrungen mit einem Burnout, Rowohlt Verlag, Reinbek bei Hamburg

Verschiedene Autoren (2011): Burnout - mit der Krise wachsen, Wege zu neuer, individueller Lebensgestaltung, Salumed Verlag, Hannover

Bernhard Lievegoed (1997): Lebenskrisen Lebenschancen, Die Entwicklung des Menschen zwischen Kindheit und Alter, Kösel Verlag, München

Anselm Grün (2009): Klarheit, Ordnung, Stille: Was wir vom Leben im Kloster lernen können, Wilhelm Goldmann Verlag, München

Anselm Grün (2011): Achtsam durchs Leben gehen, Vier-Türme GmbH Verlag, Münsterschwarzach

Anselm Grün (2012): Zeitschrift „einfach leben", September Ausgabe 2012, Herder Verlag, Freiburg

Willigis Jäger (2012): Das Leben endet nie, Herder Verlag, Freiburg

Sabina A. Spencer und John D. Adams (2004): Krisen überwinden und an ihnen wachsen, Eine Anleitung in sieben Schritten, Aethera im Verlag freies Geistesleben und Urachhaus, Stuttgart

Florian Roder (2005): Der Mondknoten im Lebenslauf, Fenster zum Kosmos - Tore der Selbsterkenntnis-Schlüssel zur Biographie, Verlag freies Geistesleben, Stuttgart

Monica McGolrick (2003): Wieder heimkommen, Auf Spurensuche in Familiengeschichten, Carl-Auer-Systeme Verlag, Heidelberg

Anne Anclin Schützenberger (2005): Oh, meine Ahnen!, Wie das Leben unserer Vorfahren in uns wiederkehrt, Carl-Auer-Systeme Verlag, Heidelberg

Rainer Adamaszek (2003): Familien-Biographik, Therapeutische Entschlüsselung und Wandlung von Schicksalsbindungen, Carl-Auer-Systeme Verlag, Heidelberg

John Bradshaw (1999): Familiengeheimnisse, Warum es sich lohnt, ihnen auf die Spur zu kommen, Mosaik Verlag, Berlin

Johanna Protschka (Heft 4, April 2012): Krankenkassenreport, erschienen im Deutschen Ärzteblatt (PP)

Eva Rass (2011): Bindung und Sicherheit im Lebenslauf, Klett-Cotta Verlag, Stuttgart

Allan N. Schore (2009): Affektregulation und die Reorganisation des Selbst, Klett-Cotta Verlag, Stuttgart

Joachim Bauer (2010): Das Gedächtnis des Körpers, Eichhorn Verlag in der Bastei Lübbe GmbH & Co, Köln

Franz Alt (1986): Das C.G. Jung Lesebuch, ausgewählt von Franz Alt, Ullstein Sachbuch Verlag, Frankfurt/Main

Herausgeber Helmut Hark (1994): Lexikon Jungscher Grundbegriffe, Walterverlag, Solothurn und Düsseldorf

Michael Erdmann (1999): Psychotherapeutische und psychosomatische Medizin, Kohlhammerverlag, Stuttgart

André Green (2004): Die Tote Mutter, Psychoanalytische Studien zu Lebensnarzissmus und Todesnarzissmus, Psychosozialverlag, Gießen

Willigis Jäger (2012): Das Leben endet nie, Über das Ankommen im Jetzt, Herder Verlag, Freiburg

Stern (Nr. 18, April 2012): Die Kunst der Motivation, Wie Meistertrainer Jürgen Klopp seine Spieler anspornt, Gruner und Jahr Verlag, Hamburg

Der Spiegel (Nr.25, Juni 2012): Die Geburt des Ich, Neun Monate, die unser ganzes Leben prägen, Spiegel Verlag, Hamburg

Strandhütte, Agentur für Kommunikation, Sonderheft (23.08.2012): Handball im Norden, über den Handballverein SG Flensburg-Handewitt

Petra Altmann (2006): Atem holen im Kloster, Ein Reiseführer für Körper, Seele und Geist, Sankt Ullrich Verlag, Augsburg

Kloster Arenberg (2007): Der Wohlfühlgarten Gottes, Mit allen Sinnen zu neuer Vitalität, Rowohlt Tb. Verlag, Reinbek bei Hamburg

Florian Langenscheidt (2012): Langenscheidts Handbuch zum Glück, Heyne Verlag, München

Joachim Bauer (2005): Warum ich fühle, was du fühlst, Hoffmann und Campe Verlag, Hamburg

Frank Meyer (2008): Besser leben durch Selbstregulation, Info-3-Verlagsgemeinschaft, Brüll und Heisterkamp, Frankfurt

Miriam Meckel (2010): Brief an mein Leben, Erfahrungen mit einem Burnout, Rowohlt Verlag, Hamburg

Sabine Bode (2013): Die vergessene Generation, Die Kriegskinder brechen ihr Schweigen, Klett-Cotta Verlag, Stuttgart

Hilke Lorenz (2012): Weil der Krieg unsere Seelen frisst, Wie die blinden Flecken der Vergangenheit bis heute nachwirken, Ullstein Buchverlag, Berlin

Theodor Schwenk (2010): Das sensible Chaos, Verlag Freies Geistesleben, Stuttgart

Pressemeldung der Universität Witten/Herdecke vom 15.07.2009: „Schwangere können Herzschlag ihrer Babies im Mutterleib durch den Atemrhythmus beeinflussen", unter: www.uni-wh.de

Anja Funk-Klebe

Südermarkt 16
24937 Flensburg

afk@lifecoaching-flensburg.de
mobiles-lifecoaching.de
lebenslinie-schwingt.de

Geboren 1966 in Neuwied/Rhein,
aufgewachsen in Düsseldorf

Allgemeine Hochschulreife:
Kollegschule Kikweg Düsseldorf 1986

Studium der Waldorfpädagogik
in Witten-Annen 1986-1990

Tätigkeit als Waldorfklassenlehrerin
von 1990-1994

Magisterstudium der Gesundheitspädagogik
1995-2000 Universität Flensburg

Studium und Weiterbildung zur Kinder-
und Jugendlichenpsychotherapeutin
in Kiel 1995-2001

Selbstständige Tätigkeit als Kinder-
und Jugendlichen-Psychotherapeutin
in eigener Praxis seit 2001

Systemische Beraterausbildung 2009-2011

Danksagung

Ich möchte ganz besonders Heiko für seinen unermüdlichen Einsatz, die gute Zusammenarbeit, seine grafischen Ideen und die gelungene Umsetzung meiner Vorschläge danken. Zudem möchte ich Anette, Thomas und Hermann für ihre tatkräftige Unterstützung und den Menschen danken, die das Buch im Vorfelde gelesen haben und mich ermuntert haben, es zu veröffentlichen.

Ich bin keine begnadete Schreiberin aber ich habe oftmals Einfälle, sehe Zusammenhänge und habe Intuitionen, die es wert sind, das sie veröffentlicht werden.
Manchmal waren die Widerstände sehr groß, so dass ich einige Male kurz davor stand, das Buch nicht zu veröffentlichen oder ich es nur im kleinen Rahmen (in meiner Praxis) zum Verkauf anbieten wollte.

Doch irgendwie, gab es dann neue unterstützende Ideen, die ich morgens nach dem Aufwachen hatte oder die ich aus meinem Umfeld bekam.
Es gehört Mut dazu, sich der Öffentlichkeit mit den eigenen Gedanken, Kutztexten und Gefühlen zu präsentieren!

Wie aber durch das Buch vielleicht schon deutlich wurde, ist es mir persönlich sehr wichtig, sich über die eigenen Gefühle klar zu werden, sie ernst zu nehmen und seinen Mitmenschen gegenüber auszudrücken!

Wir alle erleben Sachverhalte und Situationen unterschiedlich. Sich an die Gefühlsvorstellungen anderer Menschen anzupassen, hat oftmals die Unterdrückung eigener Gefühle zur Folge.
Wir folgen dann nicht unserer Lebensspur sondern wandeln auf Abwegen und riskieren die Gefahr unglücklich und krank zu werden.

Daher haben Sie liebe Leserinnen und Leser den Mut, auch ungewöhnliche Ideen zu realisieren, folgen Sie Ihrem Bauchgefühl und Ihren Intuitionen!

Layout 360° Kommunikation, Heiko Janden, Hamburg

Schrift Helvetica Neue

Druck Druckhaus Leupelt, Handewitt

2. Auflage Februar 2014

ISBN: 978-3-00-044203-2